Dr. Ulrich Baensch · Bunte Zierfischwelt

Dr. Ulrich Baensch

Bunte Zierfischwelt

Die beliebtesten Aquarienfische der Welt. 180 Arten und Zuchtformen. Dargestellt in selten schönen Farbfotos. Einprägsam geordnet und beschrieben mit den wesentlichen Hinweisen für erfolgreiche Pflege und Fütterung. Mit einem Einleitungsteil „Einführung in die Zierfischhaltung" von Dr. Chris Andrews.

Dieses Buch ist
Ursula Baensch,
meiner Frau und
langjährigen Mitarbeiterin,
zugeeignet.

© 1987 **Tetra-Verlag**
TetraWerke Dr. rer. nat. U. Baensch GmbH
Postfach 15 80, 4520 Melle 1, W.-Germany

Satz: Ernst Knoth GmbH, Melle
Druck: PDC – Paderborner Druck Centrum GmbH, Paderborn

3. Auflage 1992, 17 501 – 21 500

ISBN 3-89356-108-0

„Bunte Zierfischwelt" basiert auf dem Titel
„Bunte Zierfischkunde", der über 80 000 mal verkauft wurde.

Inhalt

Einführung 6
Verbreitungskarte 8
Checkliste für Aquariumwartung 19

Fischbeschreibungen 28
Labyrinthfische, Kletterfische *(Anabantoidei)* 28
Salmler *(Characoidei)* 42
Buntbarsche *(Cichlidae)* 78
Karpfenähnliche *(Cyprinoidei)* 114
Eierlegende Zahnkarpfen *(Cyprinodontidae)* 146
Lebendgebärende Zahnkarpfen *(Poeciliidae)* 154
Welse *(Siluroidei)* 168
Arten aus verschiedenen Familien 186

Anhang 201
Alphabetisches Verzeichnis der Fischnamen
wissenschaftlich – deutsch 201–203
deutsch – wissenschaftlich 204–206
Fotonachweis 206
Literatur-Verzeichnis 207
Über den Autor 207

Einführung in die Zierfischhaltung

Die Haltung von Zierfischen geht wohl bis ins Zeitalter der Römer zurück, obwohl die Verbreitung des Hobbys auf breiter Basis erst Mitte des 16. Jahrhunderts mit der Einfuhr der ersten „tropischen" Fische – wahrscheinlich war dies der Paradiesfisch, *Macropodus opercularis* – nach Europa einsetzte. Im Laufe der letzten ca. 1000 Jahre wurde die Haltung und das selektive Züchten von Goldfischen und Kois in China und Japan sehr beliebt; aber mit der Erschließung von Handels- und Entdeckungsrouten in der ganzen Welt im 18. und im 19. Jahrhundert wurde eine Vielfalt von faszinierenden und bisher unbekannten, exotischen Fischen allmählich den Einwohnern der westlichen Welt zur Verfügung gestellt. Lufttransporte, insbesondere in Düsenflugzeugen, und die kommerzielle Zucht von Zierfischen in Gebieten wie Florida und dem Fernosten führten im 20. Jahrhundert zu einem regelrechten Boom der Aquaristik. Heutzutage gibt es Millionen von Aquarianern in allen Teilen unseres Erdballs, wie Deutschland, Australien, den Vereinigten Staaten und in der UdSSR – die Aquaristik ist heute ein weltweites Hobby!
Dieses Buch besteht aus zwei Teilen. Im ersten Teil werden Neueinrichtung und Pflege eines tropischen Aquariums beschrieben sowie eine Betrachtung von den Grundsätzen der Wasserchemie und der Vorbeugung bzw. Bekämpfung von Schädlingen und Krankheiten.
Im zweiten Teil werden eingehende Informationen über die Haltung (und gegebenenfalls zur Zucht) von über 180 Aquariumfischarten gegeben. Die Fische werden nach den Fischfamilien vorgestellt, die Verbreitungskarte am Beginn des Buches gibt Aufschluß über das Vorkommen der Fischfamilien in der Welt.
Am Ende des Buches findet der interessierte Leser eine Liste weiterführender Fachliteratur.

I. Das Warmwasseraquarium
(a) Neueinrichtung des Aquariums

Schon vor der Anschaffung des Aquariums sollte man darüber nachdenken, welcher Standort dafür in Frage kommt. Insbesondere ist das *Endgewicht* des Behälters in Betracht zu ziehen, denn ein Liter Wasser wiegt ein Kilogramm. Ein stabiler Tisch, ein Aquariumständer bzw. ein robuster Schrank können ein ausgezeichneter Untersatz für ein Aquarium sein. Eine entsprechende Auswahl ist im Fachhandel erhältlich.
Das Aquarium darf nicht in der Nähe von Heizkörpern oder im Durchzug stehen, da hierdurch unnötige und unerwünschte Temperaturschwankungen entstehen können. Auch eine direkte Sonneneinstrahlung muß aus diesem Grunde vermieden werden; diese führt zusätzlich zu einem vermehrten unansehnlichen Algenwuchs.
Danach finden Sie eine Einkaufsliste für Ihre ersten grundsätzlichen Bedürfnisse. Ein Aquarium mit den Abmessungen 60 cm x 30 cm x 30 cm oder 40 cm (Länge x Breite x Höhe) ist wohl das kleinste, das man als sinnvoll und leicht zu pflegende Einheit betrachten kann. Tatsache ist jedoch, daß größere Becken leichter zu pflegen sind. Sehr kleine Aquarien können u. U. mehr Arbeit bereiten, denn man neigt häufig dazu, einen zu hohen Fischbesatz darin zu halten, und das Aquarium selbst ist gegenüber Außeneinflüssen (wie z. B. Temperaturänderungen) empfindlicher. Nachdem Sie sämtliche Einrichtungen bei sich zu Hause haben, sollten Sie das Becken mit sauberem, warmem Wasser und einem weichen Tuch – das völlig reinigungs- und desinfektionsmittelfrei ist – auswaschen. Daraufhin werden zwei bis drei Polypropylenplatten (Styroporplatten) an die für den Behälter bestimmte Stelle gelegt, die später als fester und ebener Untersatz für das Aquarium dient.
Eine spezielle Dekorationsrückwand – gegebenenfalls wäre auch ein maßgeschneidertes Stück Aluminiumfolie geeignet – wird jetzt mit Klebestreifen an

der Außenseite der Rückscheibe des Aquariums befestigt.

Jetzt können Sie das Becken auf die Platten stellen und diese so abschneiden, daß sie genau den Außenmaßen des Beckenbodens entsprechen. Nun wird der Kies gewaschen. Obwohl diese Aufgabe etwas mühsam und zeitraubend ist, lohnt es sich, das Material gründlich zu säubern, da neuer Kies stets Staub und Schmutz enthält. Ein halber Eimer Kies wird jeweils unter kaltem Wasser ausgewaschen, bis Staub oder Reststoffe ausgespült sind. Bevor der (nun) saubere Kies (oder sonstiges Material) ins Aquarium gebracht wird, muß unbedingt nochmals geprüft werden, daß das Aquarium auch in der richtigen Position steht. Ist das Wasser einmal aufgefüllt, kann eine Änderung der Stelle äußerst schwierig bzw. gefährlich sein. Ein volles Aquarium sollte man prinzipiell niemals bewegen. Vorher ist mindestens die Hälfte des Wassers abzulassen. Daher sollte man den Standort des Beckens auf den Platten nochmals überprüfen und sich versichern, daß das Aquarium auch von hinten zugänglich ist. Danach wird dem Kies ein guter Bodengrund-Dünger entsprechend der Gebrauchsanweisung des Herstellers

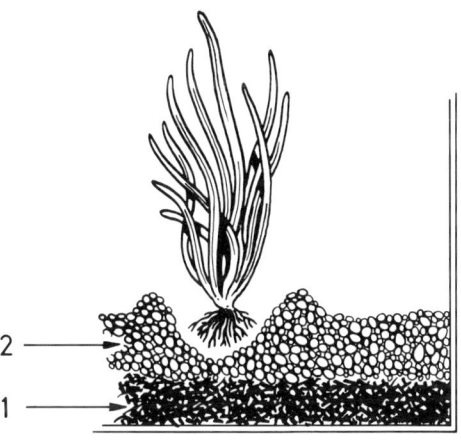

Vor dem Einpflanzen werden die Wurzeln geschnitten, damit die Pflanzen besser anwachsen und Beschädigungen der Wurzeln beim Einpflanzen vermieden werden.

beigemengt, damit die Wasserpflanzen ausreichend Nährstoffe im Bodengrund vorfinden.

Nun wird das Aquarium dekoriert. Ein bis zwei halbvergrabene Blumentöpfe können zu sehr interessanten „Höhlen" gestaltet werden. Sie können ebenfalls Steine aus dem Garten verwenden; wichtig ist jedoch, daß Sie keine Kalksteine verwenden, denn diese erhöhen den pH-Wert und auch die Wasserhärte auf ein oft unannehmbares Niveau. Wenn Sie das Vorhandensein von Kalk in Steinen feststellen wollen, genügt es, ein paar Tröpfchen von einer Säurelösung (sogar Essig!) auf die Oberfläche des Steins zu geben. Schäumt der Stein auf, so enthält er Kalk und darf nicht im Aquarium verwendet werden.

Nun kommen wir zur Füllung des Aquariums mit Wasser. Um ein übermäßiges Aufwühlen des Kieses während dieser Tätigkeit zu vermeiden, sollte eine Kunststoff-Folie bzw. ein Beutel auf den Boden des Beckens gelegt werden. Danach kann das Becken durch einen Schlauch mit temperiertem Leitungswasser langsam aufgefüllt werden. Während sich das Aquarium langsam mit Wasser füllt, haben Sie die Gelegenheit, die technischen Ge-

Ein Gemisch aus Bodengrunddünger (Tetra Initial D) und Kies (1) sorgt für gesundes Pflanzenwachstum. Dieses Gemisch wird mit sauberem Kies (2) abgedeckt.

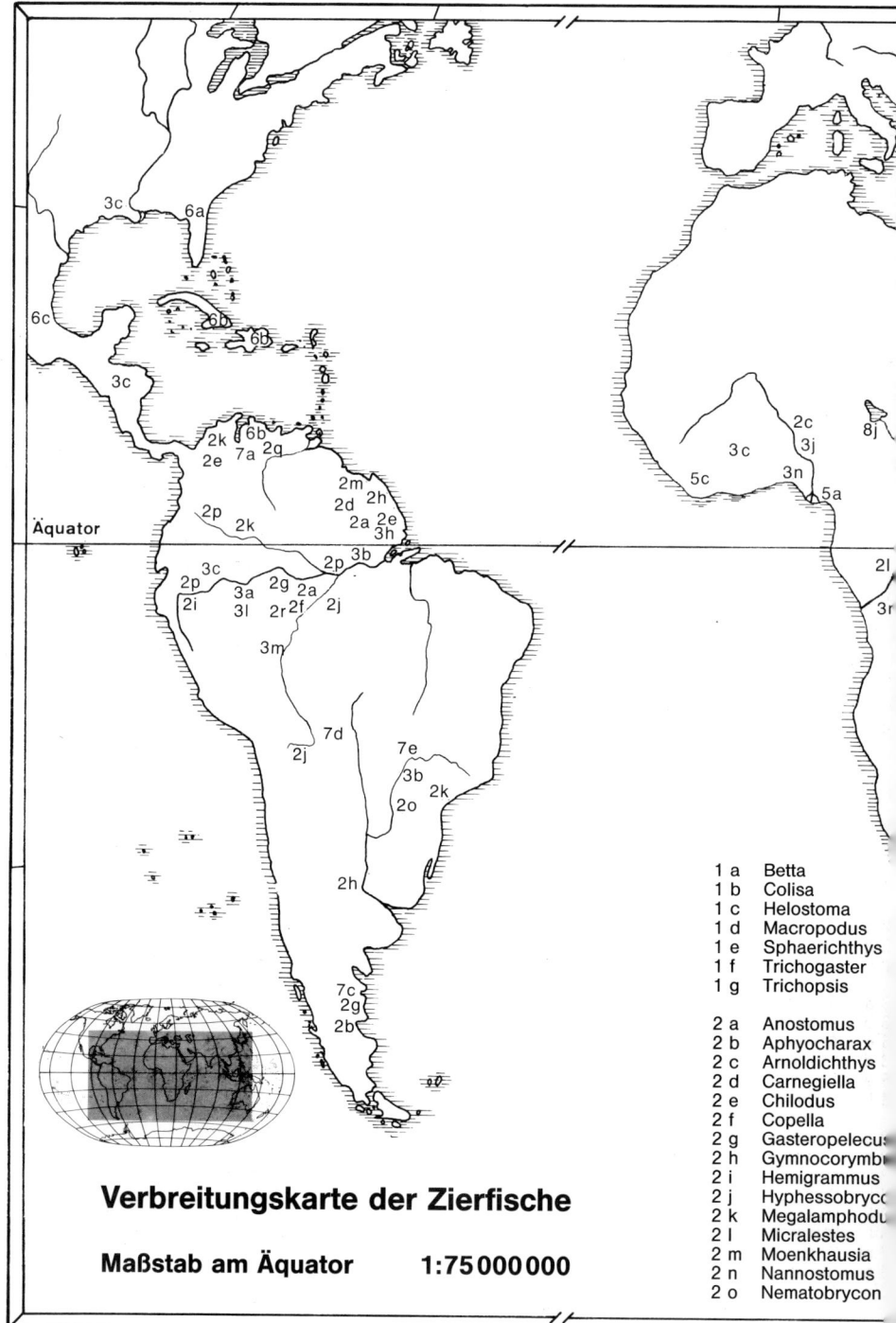

Verbreitungskarte der Zierfische

Maßstab am Äquator   1:75 000 000

Äquator

1 a	Betta
1 b	Colisa
1 c	Helostoma
1 d	Macropodus
1 e	Sphaerichthys
1 f	Trichogaster
1 g	Trichopsis
2 a	Anostomus
2 b	Aphyocharax
2 c	Arnoldichthys
2 d	Carnegiella
2 e	Chilodus
2 f	Copella
2 g	Gasteropelecus
2 h	Gymnocorymbus
2 i	Hemigrammus
2 j	Hyphessobrycon
2 k	Megalamphodus
2 l	Micralestes
2 m	Moenkhausia
2 n	Nannostomus
2 o	Nematobrycon

8

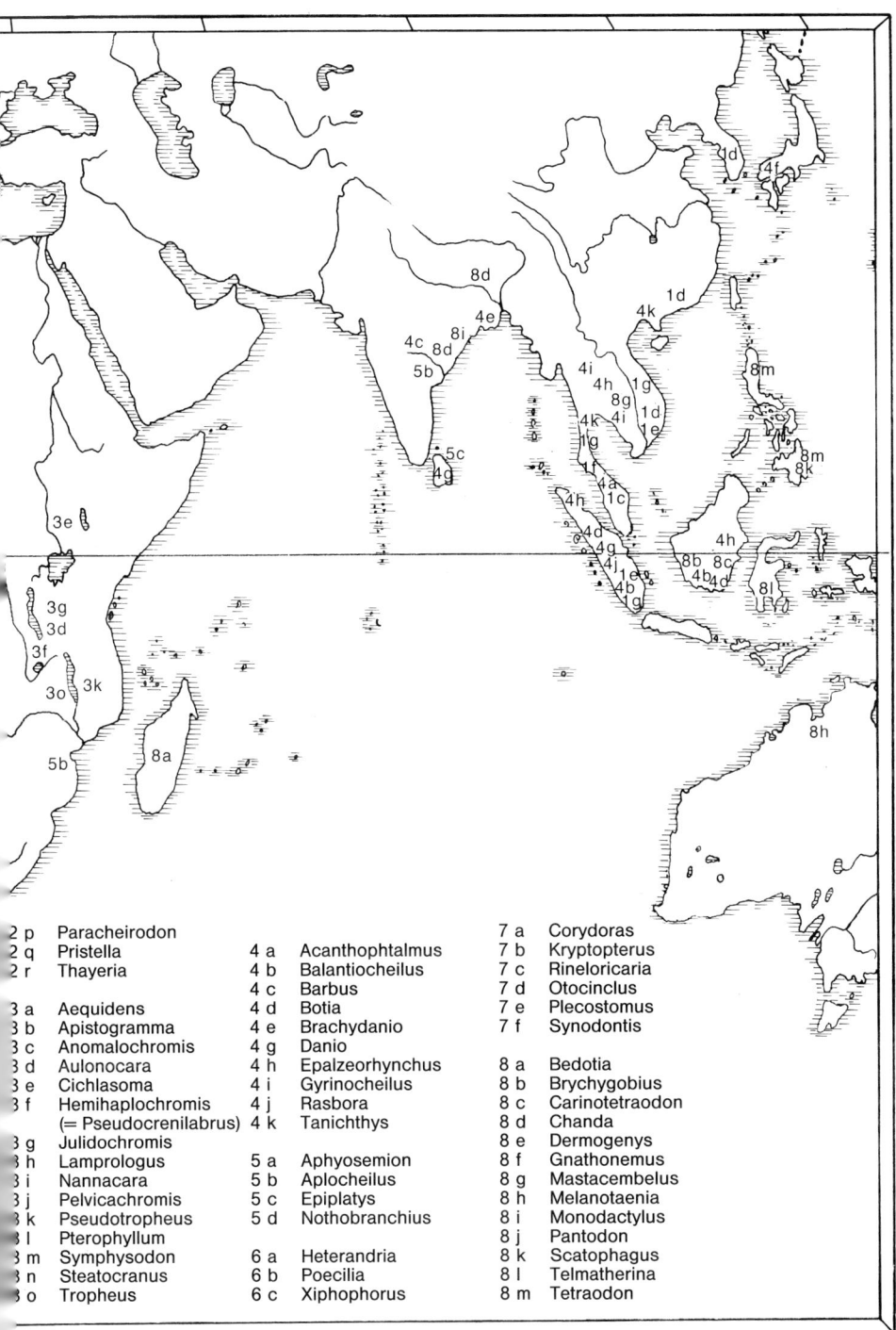

2 p	Paracheirodon			7 a	Corydoras
2 q	Pristella	4 a	Acanthophtalmus	7 b	Kryptopterus
2 r	Thayeria	4 b	Balantiocheilus	7 c	Rineloricaria
		4 c	Barbus	7 d	Otocinclus
3 a	Aequidens	4 d	Botia	7 e	Plecostomus
3 b	Apistogramma	4 e	Brachydanio	7 f	Synodontis
3 c	Anomalochromis	4 g	Danio		
3 d	Aulonocara	4 h	Epalzeorhynchus	8 a	Bedotia
3 e	Cichlasoma	4 i	Gyrinocheilus	8 b	Brychygobius
3 f	Hemihaplochromis	4 j	Rasbora	8 c	Carinotetraodon
	(= Pseudocrenilabrus)	4 k	Tanichthys	8 d	Chanda
3 g	Julidochromis			8 e	Dermogenys
3 h	Lamprologus	5 a	Aphyosemion	8 f	Gnathonemus
3 i	Nannacara	5 b	Aplocheilus	8 g	Mastacembelus
3 j	Pelvicachromis	5 c	Epiplatys	8 h	Melanotaenia
3 k	Pseudotropheus	5 d	Nothobranchius	8 i	Monodactylus
3 l	Pterophyllum			8 j	Pantodon
3 m	Symphysodon	6 a	Heterandria	8 k	Scatophagus
3 n	Steatocranus	6 b	Poecilia	8 l	Telmatherina
3 o	Tropheus	6 c	Xiphophorus	8 m	Tetraodon

9

Um ein Aufwühlen des Bodengrundes beim Auffüllen des Aquariums zu vermeiden, läßt man das Wasser auf eine Untertasse, einen Teller oder auf eine Folie laufen.

Inhalt des Aquariums

Innenabmessungen des Beckens:

Länge	60 cm
Breite	30 cm
Höhe	30 cm

Kapazität (Liter) =

$$\frac{60 \times 30 \times 30}{1000} = 54 \text{ Liter}$$

Ungefähr 10% sollten in Anbetracht des durch Kies, Steine usw. verdrängten Wassers abgezogen werden.

Nachdem der effektive Inhalt ermittelt wurde, ist es vorteilhaft, diesen Wert zu notieren – denn Sie werden sich sicherlich zu einem späteren Zeitpunkt darauf beziehen müssen.

Bei vollem Aquarium sollten Sie Luftpumpe und Beleuchtung an einer sicheren Stelle montieren, damit sie nicht berührt werden können und keine Gefahr von Kontakt mit überlaufendem oder aussickerndem Wasser besteht. Am besten stellt man die Pumpe über das Wasserniveau des Aquariums, so daß ein Rücksau-

räte zu installieren: Reglerheizer, Luftpumpe, Filter, Ausströmer und Beleuchtung. Alle elektrischen Einrichtungen werden mit eingehenden Hinweisen über deren Installation geliefert. Diese sollten Sie stets genauestens beachten. Die Heizung (Thermostat) darf nur an das Stromnetz angeschlossen werden, wenn sie vollständig im Wasser untergetaucht ist. Am besten wird sie in eine Ecke an der Rückseite des Aquariums montiert. Den Filter montiert man vorzugsweise in die andere hintere Ecke des Aquariums. Bevor das Aquarium völlig aufgefüllt wird, prüfen Sie am besten noch einmal sämtliche Geräte auf ihre einwandfreie Funktion, da die Entfernung bzw. Umordnung der Geräte bei vollem Behälter ziemlich umständlich ist.

Jetzt gilt es, den Inhalt des Aquariums auszurechnen, denn diese Erkenntnis dient als wichtige Grundlage für die Anwendung von Pflege- oder Heilmitteln.

Die Aquariumleuchte sollte so montiert sein, daß die Pflanzen ausreichend mit Licht versorgt werden.

gen des Wassers bei Abschalten der Pumpe ausgeschlossen ist. Sämtliche Geräte sollte man mindestens 24 Stunden eingeschaltet lassen und danach die Temperatur prüfen (ungefähr 25°C sind erwünscht), nötigenfalls den Luftstrom des Ausströmers und des Filters (nochmals) nachstellen.

Jetzt ist der günstige Zeitpunkt zur Messung des pH-Werts und der Härte des Wassers, da diese beiden Werte gewissermaßen Ihre Entscheidungen über die Pflanzen- und Fischarten, die unter den jeweiligen örtlichen Bedingungen gehalten werden können, beeinflussen werden. Der pH-Wert gibt Aufschluß über den Säuregrad des Wassers: einen pH-Wert unter 7,0 nennt man „sauer", während der Bereich über 7,0 als „basisch" oder „alkalisch" bezeichnet wird. Den pH-Wert von genau 7,0 nennt man „neutral". Die Wasserhärte bezieht sich auf die Menge der im Wasser aufgelösten Salze: „hartes"

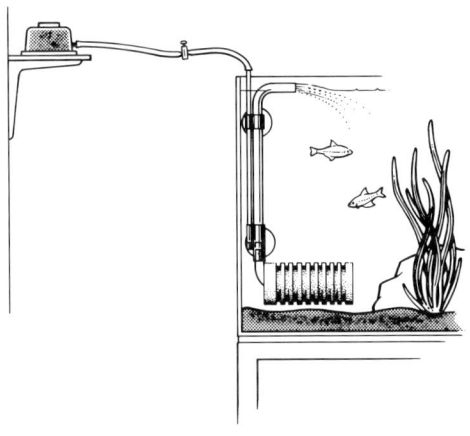

Um ein Rücksaugen des Wassers zu vermeiden, muß die Durchlüfterpumpe höher stehen als der Wasserspiegel.

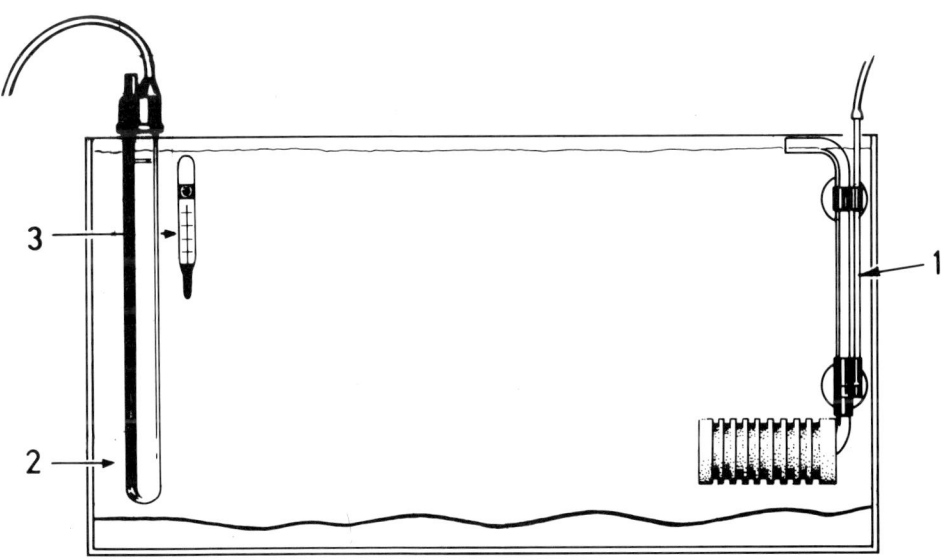

Filter (1) und Reglerheizer (2) werden in den hinteren Aquariumecken montiert, wo sie durch die Dekoration (Pflanzen, Steine, etc.) verdeckt sind. Die Heizung darf nur dann eingeschaltet werden, wenn sie bis zur Wasserstandsmarkierung unter Wasser montiert ist. Das Thermometer (3) wird so angebracht, daß es gut ablesbar ist.

11

Wasser enthält hohe Mengen von aufgelösten Salzen, während „weiches" Wasser eine geringere Menge davon hat. Test-Produkte – wie die Tetra Tests – sind bei Ihrem Zoofachhändler erhältlich und helfen Ihnen bei der Ermittlung der pH- und Wasserhärtewerte. Die von Ihnen ermittelten Werte für Ihr Aquariumwasser sollten Sie sich notieren, damit Sie sich auch künftig darauf beziehen können.

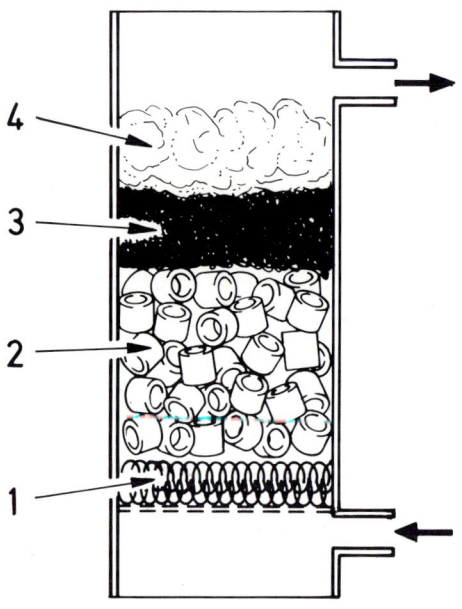

Für größere Aquarien und Aquarien mit größeren Fischen (z.B. Cichliden) ist ein motorbetriebener Außenfilter erforderlich. Hierbei fließt das Wasser durch einen groben Vorfilter (1), durch biologisches Filtermaterial (2), durch chemisches (Kohle, Torffaser) Filtermedium (3) und zum Schluß über einen Feinfilter, wie Filterwatte oder Schaumstoff (4).
Der grobe Vorfilter und der Feinfilter müssen regelmäßig gereinigt oder ausgetauscht werden.

(b) Einsetzen von Pflanzen und Fischen

Bevor Pflanzen oder Fische ins Aquarium eingesetzt werden, ist es sehr wichtig, das frische Leitungswasser mit einem guten Wasseraufbereitungsmittel (z. B. Aqua-Safe) zu versehen. Dabei ist die entsprechende Menge ins Aquarium zu geben und gleichmäßig mit dem Wasser zu vermischen.

Pflanzen können sofort und Fische ein paar Tage nach der Neueinrichtung des Beckens eingesetzt werden. Viele der gängigen Aquariumpflanzen tolerieren einen breiten Bereich von pH-Wert und Härte. Solche Pflanzen sind: Amazonas-Schwertpflanzen *(Echinodorus), Sagittaria, Vallisneria, Ludwigia, Hygrophila* usw. Andere wie z. B. *Acorus*, viele Wasserkelche *(Cryptocoryne), Cabomba* und *Ceraptopteris* verlangen weiches und neutrales bis saures Wasser.

Ein 60 cm langes Aquarium braucht etwa 30 bis 50 Pflanzen. Hierbei unterscheidet man zwischen solchen für den Vordergrund, für den mittleren-hinteren Bereich und für die Seiten- und Rückwand. Darüber hinaus sind gewisse Pflanzen für den Einsatz als prächtige Solitärpflanzen im fertigen Becken bestens geeignet. Im Vordergrund braucht man verhältnismäßig kleine Pflanzen zur Bildung eines Saumes am Boden des Aquariums. Es gibt mehrere kleine, robuste Arten wie Zwerg-Amazonas und kleinere *Vallisneria*-Arten. Für den Mittel-Hintergrund des Aquariums eignen sich *Hygrophila-* und die größeren *Vallisneria*-Arten, besonders dann, wenn sie als kleine Gruppen gepflanzt werden. Die langblättrigen *Vallisneria* und *Sagittaria*-Arten sehen an den Hinter-und Seitenscheiben besonders attraktiv aus und ein großes Exemplar einer Amazonas-Schwertpflanze bildet oft eine reizvolle Solitärpflanze in der Mitte. Eine entsprechende Auswahl finden Sie im Fachhandel.

Die Pflanzen sollten Sie sehr sorgfältig einsetzen. Insbesondere ist eine Beschädigung der langen, empfindlichen Wurzeln durch Zerquetschen oder Abbrechen zu vermeiden. Beschädigte Wurzel-

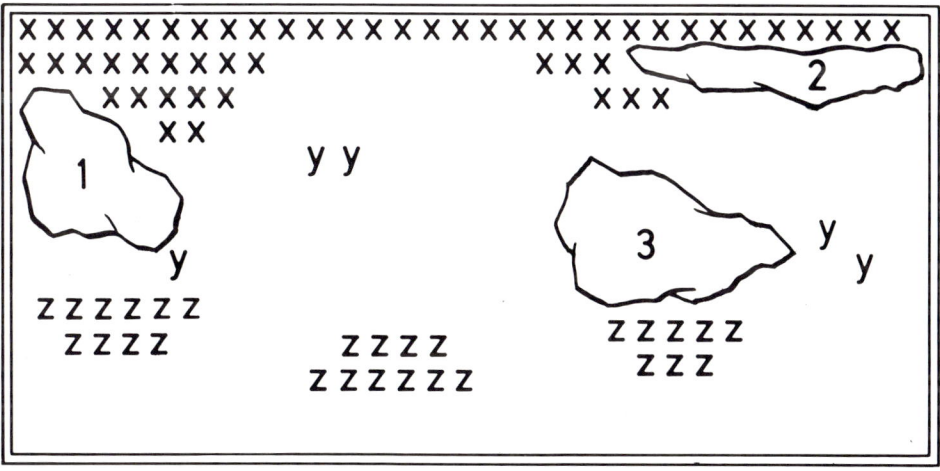

Möglicher Einrichtungsplan (siehe Text)
X = *Pflanzen für den Hintergrund (Vallisneria, Cabomba, usw.)*
Y = *Pflanzen für den Mittelgrund (Echinodorus, usw.)*
Z = *Pflanzen für den Vordergrund (Zwerg-Vallisneria, Echinodorus, usw.)*
1 = *Kalkfreie Steine* **2** = *Flache Steine (Schiefer u.a.)* **3** = *Höhle aus Steinen oder Moorkienholz*

teile schneidet man am besten schon vor dem Einpflanzen ab.

Um ein gesundes Pflanzenwachstum zu fördern, sollte man die Aquariumbeleuchtung ungefähr 12 Stunden pro Tag eingeschaltet lassen – allerdings muß diese Richtlinie den Anforderungen der jeweiligen Aquarien angepaßt werden.

Unter Umständen können die Fische gleichzeitig mit den Pflanzen eingesetzt werden, jedoch ist es besser, wenn man das Aquarium ein paar Tage stehen läßt. Je nach den Wasserwerten (pH, Härte) des örtlichen Leitungswassers, sind folgende Fischarten für ein 60 cm Aquarium geeignet:

Fische für das Aquarium:
5 Brokatbarben
5 Neonsalmler oder 5 Rote Neonsalmler
5 Schwarze Neon oder Glühlichtsalmler
1 Pärchen Purpurprachtbarsche
1 Pärchen Marmor-, Mosaik- oder
    Goldfadenfische
2-3 *Corydoras*, Panzerwelse
1 Algenfresser
2 kleine Skalare
5 Zebrabärblinge oder Schillerbärblinge

Ist Ihr Leitungswasser hart oder basisch, so wäre es vielleicht besser, wenn Sie einige (oder alle) Salmler durch Lebendgebärende wie Guppys oder Mollys oder auch Regenbogenfische ersetzen. Ein gutes Gesellschaftsaquarium für ein Gebiet mit hartem, basischem Leitungswasser könnte aus folgenden Fischarten bestehen:

Fische für harte, basische Bedingungen:
1 Pärchen Purpurprachtbarsche
1 Pärchen Marmor-, Mosaik- oder
    Goldfadenfische
2-3 *Corydoras*, Panzerwelse
1 Algenfresser
2 kleine Skalare
5 Zebrabärblinge oder Schillerbärblinge
5 Brokatbarben
2 Pärchen Black Mollys, 2 Pärchen
    Guppys oder
5 Regenbogenfische

Sie sollten bedenken, daß die Fische noch wachsen und daher sollte der Fischbesatz erst allmählich aufgebaut werden, als sämtliche Exemplare zur gleichen Zeit einzusetzen. Als Faustregel gilt: 1,0 bis 2 Liter Wasser pro Zentimeter Fisch beim Erstbesatz des Aquariums. Diese Richtlinie muß auch die künftige Größe der Fische berücksichtigen. Die nützlichen Bakterien im Becken benötigen einige Zeit, bevor sie mit ihrer Tätigkeit beginnen, nämlich die Ausscheidungsstoffe der Fische und Futterreste über den Stickstoffkreislauf vom giftigsten Ammoniak über Nitrit ins weniger giftige Nitrat umzuwandeln. Daher sollten Sie das Aquarium ausgangs mit einer kleineren Menge von relativ robusten Fischen (z.B. Brokatbarben) besetzen und dabei den charakteristischen Aufbau und Abfall des Nitritwertes über die ersten 7 bis 10 Tage mit einem Test-Set überwachen. Sobald sich der Nitritwert auf ein Niveau von über 0,5 Milligramm/Liter aufbaut, sollten Sie einen Teilwasserwechsel von ungefähr 25% des Beckenvolumens durchführen. Daraufhin sollten die natürlichen Prozesse im Aquarium innerhalb von einigen Tagen einsetzen und bei richtiger Funktion werden Nitrit und Ammoniak auf einem Minimum gehalten.

Der Fischbesatz im Becken kann dann im Laufe der folgenden 4-8 Wochen erhöht werden. Von größter Bedeutung ist, daß die neuen Fische an das neue Aquariumwasser gewöhnt werden. Hierzu setzt man die Fische in eine saubere Schüssel oder einen sauberen Eimer und gibt mit einem Becher über eine halbe Stunde stets etwas Aquariumwasser zu dem Transportwasser, bis die doppelte Wassermenge erreicht ist. So werden Temperatur und chemische Wasserwerte einander angeglichen. Nun werden die Fische ohne Wasser direkt in das Aquarium umgesetzt.

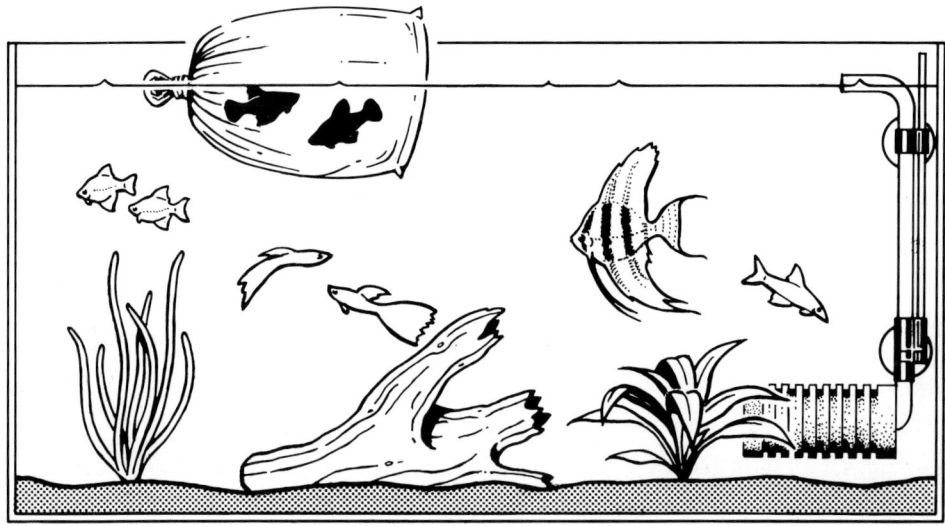

Neue Fische müssen an das Aquariumwasser gewöhnt werden.

Ein wunderschön bepflanztes Aquarium

Küssende Gurami, Helostoma teminckii, beim Maulzerren

15

(c) **Wartung des Aquariums**

Regelmäßige Wartung bildet die Basis von problemloser Fischhaltung und die damit verbundenen Aufgaben lassen sich leicht in tägliche und monatliche Pflege aufteilen.

Die tägliche Pflege sollte nur ein paar Minuten in Anspruch nehmen. Die Aquariumtemperatur muß mit einem zuverlässigen Thermometer überprüft und mindestens einmal am Tag notiert werden. Abweichungen von ein bis zwei Grad Celsius sind normal, größere Schwankungen müssen jedoch untersucht werden. Ist die Leistung der Heizung ausreichend? Funktioniert das Thermostat einwandfrei? Üben Durchzug oder die Zimmertemperatur einen Einfluß auf die Aquariumtemperatur aus? Nur wenn keine Zeituhr eingebaut ist, wird es nötig sein, die Aquariumbeleuchtung jeden Tag ein- und abzuschalten.

Pumpen und der damit betriebene Filter müssen Tag und Nacht in Betrieb sein. Bleibt die Pumpe über längere Zeiträume abgeschaltet, so können unerwünschte, nachteilige Änderungen in der mikrobiologischen Flora des Filters stattfinden, welche die Wasserbeschaffenheit negativ beeinträchtigen können.

Selbstverständlich müssen die Fische gefüttert werden. Süßwasserfische in einem Gesellschaftsaquarium werden 2-4 Mal täglich gefüttert, wobei Sie nur soviel Futter reichen sollten, wie die Fische in wenigen Minuten restlos verzehren können. Wenn Fische nicht jedesmal eifrig an der Oberfläche auftauchen, könnte das ein Zeichen von Überfütterung bedeuten. Diese muß vermieden werden, da sie zu einer Belastung des Wassers und sogar zu einem Sterben der Fische führen kann. Flocken- oder Tablettenfutter sind hausgemachtem, frischem oder lebendigem überlegen, weil sie von höherer Qualität sind und eine komplett ausgewogene und leicht verdauliche Nahrung darstellen und jederzeit ohne Umstände zur Verfügung stehen.

Die Tetra-Zierfischfutterreihe besteht aus ausgewählten Naturrohstoffen, wobei

Der Feuerschwanz Epalzeorhynchus bicolor, der vielen Aquarianern unter dem Namen Labeo bicolor bekannt ist

Der König unter den Aquarienfischen ist der Diskus. Seine Pflege erfordert sehr viel Erfahrung

In diesem Aquarium fühlen sich die Diskusbuntbarsche wohl

viele davon auch in der Natur von den Fischen bevorzugt werden. Bei der Verwendung dieser in der Natur vorkommenden Nährstoffe in der Herstellung von Qualitätszierfischfuttern wurde insbesondere darauf geachtet, Krankheitserreger und Substanzen, die eventuell schädlich sein könnten, auszuschließen. Tetra-Zierfischfutter sind für die meisten Aquarienfische bestens geeignet.

Jeden Tag sollten Sie etwas Zeit der Beobachtung Ihrer Fische widmen. Dabei geht es nicht nur um die Wahrnehmung von deren natürlichen Zierlichkeit und Schönheit – gleichzeitig sollten Sie darauf achten, daß keine Zeichen von anormalem Verhalten bzw. Krankheiten zu bemerken sind.

Monatliche Pflege: die folgenden Aufgaben sollten einmal im Monat durchgeführt werden:

An erster Stelle sollten Sie den pH-Wert und Nitrit-Gehalt des Aquariumwassers mit einem zuverlässigen Test-Set messen. Infolge der kombinierten Lebensprozesse von Fischen und Pflanzen kann sich der pH-Wert im Laufe eines 24-Stunden Zeitraums gering verändern.

Zudem neigt der pH-Wert des Wassers in einem tropischen Süßwasser mit der Zeit zum höheren basischen Bereich der Skala zu wandern. Auf langsame Verschiebungen (oder sprunghafte Ab- bzw. Zunahme des pH-Wertes außerhalb des Bereichs 6,5-7,5 muß geachtet werden.

Die Messung des Nitritgehalts des Aquariumwassers gibt Aufschluß über den Grad der organischen Verschmutzung: Ob der Fischbesatz im Becken zu hoch ist, oder ob die Fische überernährt sind. Auch gibt er Auskunft über die derzeitige Leistung des Filters. Regelmäßige Messungen des Nitritgehaltes ermöglichen Ihnen, die notwendigen Maßnahmen schon vor der Entwicklung schädlicher Verhältnisse zu treffen. Nitritwerte von 0,1 mg/l sind noch unbedenklich. Bei Werten von 0.2-0,5 mg/l können die Fische ein anderes Verhalten zeigen und etwas empfindlicher gegen gewisse Krankheiten sein. Ein Teilwasserwechsel sollte so-

17

Der Blutsalmler

fort durchgeführt und die Ursachen des Problems untersucht werden. Nitritwerte über 0,5 mg/l sind schon im kritischen Bereich und ein größerer Wasserwechsel ist unverzüglich durchzuführen. Ungefähr einmal im Monat sollte die Härte des Aquariumwassers gemessen werden. Test-Sets zur einfachen und genauen Messung der Gesamthärte (GH) und der Karbonathärte (KH) sind im Fachhandel erhältlich; Die Ergebnisse werden in °dH = Grad deutscher Härte ausgedrückt.

Wie schon zuvor erwähnt, bezieht sich die Wasserhärte auf die Menge der vorhandenen aufgelösten Salze; Änderungen in der Gesamthärte über einen bestimmten Zeitraum hinweg sind nicht zu erwarten. Infolge der Pflanzentätigkeit kann sich jedoch die Karbonathärte verändern. Genauere Information über die Wasserbeschaffenheit im allgemeinen (und ganz spezifisch über die Wasserhärte) finden Sie in der bei Ihrem Fachhändler erhältlichen Literatur.

Nachdem Sie die Wasserbeschaffenheit festgestellt haben, ist Ihre nächste Aufgabe, etwaige Algen von den Vorder- bzw. Seitenscheiben des Aquariums mit dem Scheibenreiniger zu entfernen und die Oberfläche (1 cm) des Kieses leicht umzuwälzen. Nachdem sich diese Schicht

nach einigen Minuten gesetzt hat, müssen die Algen und andere Reste mit einem Saugheber oder Mulmsauger abgesaugt werden. Dabei sollten Sie beachten, daß kein Kies bzw. keine Fische durch den Saugheber mit abgesaugt werden. Ungefähr 25-30% des Wassers sollten alle 14-28 Tage ersetzt werden. Derartige regelmäßige Teilwasserwechsel sind für die richtige Wartung des Aquariums unerläßlich.

Bei einem Wasserstand von etwa zwei Dritteln des Aquariums haben sie die Möglichkeit, die Dekoration anders zu gestalten, vielleicht auch die Pflanzen zu beschneiden. Bevor das Becken dann wieder aufgefüllt wird, sollte die Patrone des Schaumstoff-Filters abgebaut, in warmen Wasser ausgespült und dann wieder montiert werden. Jede Tetra-Patrone hat eine Lebensdauer von vielen Monaten.

Das zur Auffüllung verwendete temperierte Wasser wird durch Tetra Aqua-Safe aufbereitet und entchlort. Dabei muß darauf geachtet werden, daß durch die Zugabe des Wassers die Dekoration des Aquariums nicht allzu heftig aufgewühlt wird. Wenn Salmler oder andere eierlegender Zierfischarten gepflegt werden, ist es erforderlich alle 7-14 Tage Tetra ToruMin, ein Schwarzwasser-Präparat hinzuzugeben.

Diese natürliche Mischung von Torf- und Pflanzenextrakten übt eine positive Wirkung auf die Gesundheit, die Färbung und sogar auf das Zuchtverhalten der Fische aus.

Es empfiehlt sich auch, die elektrischen Verbindungen von Pumpe, Beleuchtung und Heizung monatlich zu überprüfen. Nicht ganz so oft – aber bestimmt zweimal im Jahr – sollten auch die Leuchtstoffröhren erneuert werden.

Checkliste für Aquariumwartung

Täglich
- Temperatur prüfen
- Fische füttern
- Fische beobachten

Monatlich
- pH-Wert, Nitritgehalt und Wasserhärte messen.
- Algen und andere Teilchen entfernen
- Teilwasserwechsel
- Filterwartung durchführen
- Luftzufuhr prüfen
- Elektrische Verbindungen überprüfen
- Leuchstoffröhre(n) auswechseln
- (Pflanzen lichten)
- (Dekoration umordnen)

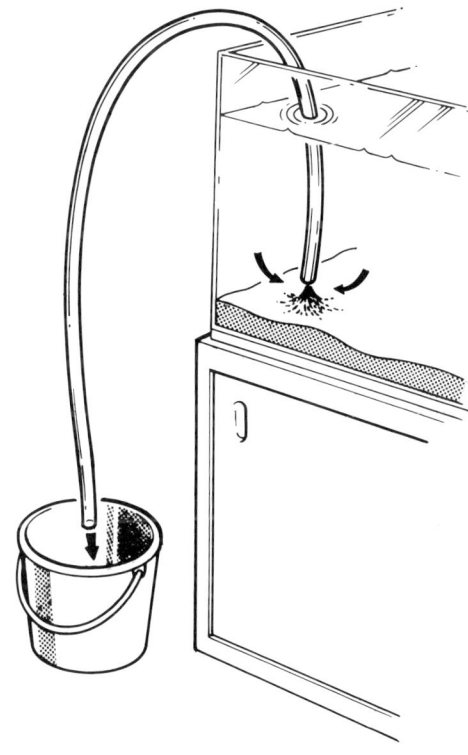

Ihre Abwesenheit während der Ferien stellt sich sicher als mögliches Problem dar. Die Hauptsache ist, daß das Aquarium für den Großteil der Zeit richtig unterhalten wird. Man kann es ohne Bedenken über das Wochenende allein lassen. Bei längerer Abwesenheit wird nur eine minimale Pflege benötigt. Folgende Hinweise könnten Ihnen helfen, die „Urlaubssorgen" zu beseitigen:

Wochenende: Filter und Luftstein in Betrieb lassen; Beleuchtung an Zeitschalter anschließen. Nötigenfalls kann das monatliche Pflegeprogramm am Mittwoch oder Donnerstag durchgeführt werden, wobei Sie das Aquarium am Freitagnachmittag und am Montagmorgen schnell überprüfen sollen. Sie sollten den Fischen kein zusätzliches Futter am Freitag bzw. Montag reichen – das Wochenende werden Ihre Pfleglinge ohne weiteres überstehen.

Urlaubszeiten bis 3 Wochen: Filter und Luftstein in Betrieb lassen; Beleuchtung mit einem Zeitschalter verbinden. Die größeren Pflegeaufgaben sollten Sie möglichst in den Tagen unmittelbar vor Ihrer Abfahrt vermeiden; überprüfen Sie das Becken kurz vor Ihrer Abfahrt und führen Sie eine größere Wartung unmittelbar nach Ihrer Rückkehr durch. Es wäre sicher nicht schlecht, wenn ein Bekannter ab und zu nach dem Rechten sehen könnte, um größeres Unheil zu vermeiden. Es ist nicht sinnvoll, den Fischen zusätzliches Futter in den Tagen vor dem Urlaub zu reichen.

Urlaubs- bzw. Wochenendfutter bester Qualität für Fische sind jetzt im Handel erhältlich. Achten Sie darauf, daß die von Ihnen gewählte Sorte das Aquariumwasser nicht verschmutzt. Tetra DepoMin ist ein solches Urlaubsfutter.

Ein Teilwasserwechsel jeden Monat ist wichtig.

(d) Schädlingsbekämpfung/ Problembeseitigung

Das richtig eingerichtete und gepflegte Aquarium sollte eigentlich relativ wenige Probleme bereiten. Im folgenden werden kurze Hinweise zur Vorbeugung bzw. zur Bekämpfung von verschiedenen Schädlingen und Krankheiten aufgeführt – falls diese einmal in Ihrem Aquarium auftauchen.

Übermäßiges Wachstum von Grünalgen einschließlich grünes Wasser, hervorgerufen durch Schwebealgen, ist ein Zustand, der oft mit zuwenigen Pflanzen, zu vielem Licht oder Überfütterung verbunden ist. Unter dürftigen Beleuchtungsbedingungen entwickelt sich oft ein unansehnliches Braunalgenwachstum. Im Falle, daß Sie Probleme mit Algen haben, sollten Sie zunächst möglichst viele der unerwünschten Algen mit einem Scheibenreiniger entfernen und dann durch einen Teilwasserwechsel absaugen. Nachdem das Aquarium wieder mit Wasser gefüllt ist, sollte die empfohlene Dosis eines Algenbekämpfungsmittels ins Wasser gegeben werden. Nun empfiehlt es sich, darüber nachzudenken, wie weitere Algenprobleme vermieden werden können und dabei sind mehrere Faktoren in Betracht zu ziehen.

Auch ein 60 cm Becken braucht ein paar Dutzend Pflanzen, wenn die vorhandenen aufgelösten Nährstoffe verbraucht werden sollen. Daher wird es unter Umständen erforderlich sein, die Pflanzenmenge in einem von Algen betroffenen Aquarium zu erhöhen.

Im Falle der Bildung von Braunalgen ist eine erhöhte Beleuchtungskapazität zu empfehlen.

Übermäßiges Sonnenlicht fördert auch das Wachstum von grünen Algen. Zuletzt sollten Sie auch nachsehen, ob die angebotenen Futtermengen nicht übertrieben sind, denn ungefressene Futterreste können das Wasser belasten und zur Algenbildung führen.

Einiges nun über die Krankheiten

Die Pünktchenkrankheit wird durch den Protozoenparasit, *Ichthyrohtirius multifiliis* verursacht, der einen direkten vom Fisch abhängigen Lebenszyklus hat und sich daher sehr schnell innerhalb des begrenzten Lebensraums eines Aquariums verbreiten kann. Die Diagnose ist relaiv einfach, denn kleine, weiße Pünktchen in der Größe von Zuckerkörnchen sind auf Haut, Flossen und Kiemen der Fische zu erkennen. Schwer erkrankte Fische reiben sich an Steinen und können dadurch unter sekundären Pilz- oder Bakterieninfektionen leiden.

In den meisten Fällen wird die Pünktchenkrankheit durch neu angeschaffte Fische oder durch Lebendfutter und Pflanzen ins Becken eingeschleppt. Daher ist eine Quarantäne der Fische von zwei Wochen – oder eine vorbeugende Behandlung mit einem Markenheilmittel gegen diese Krankheit – für alle Neulinge zu empfehlen. Außerdem sollten alle Pflanzen vor dem Einsetzen ins Aquarium mit Fischbesatz mit sauberem Wasser abgespült werden. Glücklicherweise gibt es eine Reihe von sicheren, wirkungsvollen Heilmitteln gegen den Ichthyo, die durch den Zoofachhändler erhältlich sind. Eine sofortige Behandlung bei Erscheinen der ersten „Pünktchen" genügt meistens, die Krankheit zu stoppen.

Hauttrübung wird durch einen starken Befall mit winzigen Parasiten wie *Chilodonella*, *Trichodina* und *Gyrodactylus* verursacht, welche die „Schleimhaut" der Fische befallen. Als Reaktion darauf reiben sich die Fische gegen Steine und Kies, wodurch die Schleimproduktion noch gesteigert wird und die Haut ein graues, schleimiges Aussehen annimmt. Glücklicherweise genügen eine oder zwei Behandlungen mit einem Ichthyo-Heilmittel oder einem speziellen Heilmittel, das Problem in den Griff zu bekommen. Neuimporte und Kaltwasserfische (im Frühjahr) leiden oft unter dieser Krankheit. Wie bei der Pünktchenkrankheit können sich die Parasiten, die diese Hauttrübung verursachen, sehr rasch in einem tropischen Aquarium mit hohem Fischbesatz vermehren.

Pilze – verursacht durch *Saprolegnia* und *Achlya* treten häufiger bei Aquarienfischen auf, obwohl normalerweise nur Fische, die aus irgendeinem anderen Grund bereits in einem schlechten Zustand sind, befallen werden. Die Sporen oder „Samen", welche die Pilzinfektion verursachen, kommen sehr häufig im Wasser vor. Sie können die Fischhaut nur dann durchdringen, wenn diese bereits Verletzungen durch grobes Anfassen, Kämpfe, Laichtätigkeit, etc. verletzt ist.

Falls keine rechtzeitige Behandlung stattfindet, können sich weißliche oder gräuliche Pilzgewächse schnell über den Körper des Fisches verbreiten und schließlich zum Tode des Tieres führen.

Demzufolge ist eine prompte Behandlung mit einem Marken-Pilzbekämpfungsmittel sehr zu empfehlen.

„**Maulpilz**" – durch das Bakterium *Flexibacter* verursacht – kommt häufig bei Neuimporten vor und auch unter solchen Fischen, die in unhygienischen Verhältnissen gehalten werden. Black Mollys und gewisse andere Lebendgebärende scheinen besonders anfällig zu sein. Wenn die notwendigen Maßnahmen rechtzeitig getroffen werden, stellen die auf dem Markt verfügbaren Präparate meistens ein effekives Gegenmittel dar.

Flossenfäule entsteht häufig infolge einer örtlichen bakteriellen Infektion, deren Ursache in Kämpfen, Flossenbeißen, zu hohem Fischbesatz, ungenügender Ernährung bzw. generell in unhygienischen Aquarienverhältnissen liegen kann. Die Flossen sehen zerfetzt und geschlitzt aus und weisen Blutflecke und ein rötliches Aussehen der Flossenansätze auf. Wie bei allen Krankheiten ist eine sofortige Behandlung mit einem der entsprechenden Markenpräparate, die eine aktive Heilung von Flossenfäule fördern, sehr zu empfehlen.

Flossenfäule und Pilzerkrankungen geben Ihnen einen Hinweis darauf, daß die Aquariumbedingungen zu wünschen übrig lassen und daß ein schnelles Eingreifen seitens des Aquarianers erforderlich ist.

Die Behandlung von Krankheiten

Die meisten Fachgeschäfte führen ein breites Sortiment von Heilmitteln, die eigens zur Bekämpfung der häufigsten Zierfischkrankheiten entwickelt wurden. Sie sollten darauf achten, daß Sie ein Heilmittel mit einer ausführlichen Gebrauchsanweisung samt einer Angabe der aktiven Bestandteile wählen. Halten Sie sich genauestens an die Anweisungen. Dabei sollten Sie berücksichtigen, daß die Filterung über Aktivkohle sowie größere Mengen organischer Stoffe im Aquarium die Wirksamkeit der meisten Heilmittel reduziert. Vor allem gilt aber der Grundsatz: „Vorbeugen ist besser als Heilen"! Dies bedeutet in erster Linie richtige Aquariumwartung und -pflege.

Schnecken stellen keineswegs ein Muß für das Tropen- oder Kaltwasseraquarium dar. Da gewisse Arten regelrecht zu einer Plage werden können, ist darauf zu achten, daß sie möglichst nicht in das Aquarium gelangen. Als grundsätzliche Vorbeugungsmaßnahmen sollten Sie alle neu angeschafften Wasserpflanzen unter fließendem Wasser abspülen, bevor diese in ein Zimmer- oder Zuchtaquarium eingesetzt werden. Schnecken sind zwar nicht gefährlich, gelten aber als ziemlich unangenehme Aquariumbewohner. Folgende Maßnahmen können bei deren Bekämpfung behilflich sein:

1. Die Einführung von Fischen wie *Botia macracanthus* und andere Botia-Arten, Marmorfadenfische, *Cichlasoma nigrofasciatum* oder Kugelfische, die manche Schnecken fressen.

2. Verstecken Sie einige Fischfuttertabletten (z.B. TabiMin) unter einer umgekippten Untertasse über Nacht auf dem Bodengrund. Die Schnecken werden durch den Tablettenköder angelockt und können am nächsten Morgen mit der Untertasse entfernt werden. Dieses Verfahren werden Sie jede Nacht für etwa eine Woche wiederholen müssen. Ungefressene Tabletten dürfen nicht im Aquarium gelassen werden, denn sie würden sonst das Wasser belasten.

21

Schnecken können im Aquarium zur Plage werden

3. Schneckenbekämpfungsmittel auf chemischer Basis sind auf dem Markt erhältlich, aber mit diesen sollten Sie sorgfältig umgehen, besonders wenn die Schnecken über Hand nehmen.

Süßwasserpolypen (*Hydra*) sind anemonenähnliche Tierchen – die oft mit Lebendfutter ins Aquarium eingeschleppt werden. Ausgedehnt ca. 2,5 cm lang, schrumpft ihr Körper zusammen, wenn sie angerührt oder gestört werden, so daß sich die Fühlarme nicht mehr erkennen lassen. Mit den kleinen Stichzellen auf den Fühlern nehmen diese Polypen die kleineren Aquarienfischarten sowie Jungfische als Beute.

Gegenmaßnahmen:
1. Die Einführung von Fischen wie Faden- oder Paradiesfische, welche diese Polypen selbst fressen.
2. Einsatz eines chemischen Bekämpfungsmittels, das im Fachhandel erhältlich ist. Leitungswasser-Aufbereitungsmittel sollten Sie in den Tagen vor und während einer solchen Behandlung nicht verwenden.

Borsten- bzw. Flachwürmer und ähnliche Schädlinge werden oft mit Lebendfutter ins Aquarium eingeschleppt und hier werden sie gedeihen, wenn die Zustände unhygienisch oder schmutzig sind. Ungefressene Futterreste und angesammeltes organisches Material können ideale Bedingungen für solche Schädlinge bilden.

Wie Schnecken sind diese Tiere eine eher unattraktive als eine gefährliche Erscheinung, obwohl sie manchmal Fischeier und Jungfische fressen.

Gegenmaßnahmen:
1. Überfütterung vermeiden; Teilwasserwechsel häufiger ausführen; angesammelte Reste entfernen; alle Pflanzen vor dem Aussetzen ins Aquarium gründlich waschen; Filter regelmäßig überprüfen und reinigen.
2. Die Einführung von Fischen wie Guramis (Fadenfischen), Kampffischen oder Cichliden, die solche Schädlinge, insbesondere Flachwürmer, fressen.
3. Alle Fische und Pflanzen sind in ein anderes Gefäß umzusetzen und die Bekkentemperatur ist für einige Stunden auf 35° C zu erhöhen. Dies wird die Flachwürmer abtöten, jedoch ist danach ein Teilwasserwechsel und eine Senkung der Temperatur vor dem Einsetzen der Fische und Pflanzen erforderlich.

Wenn alle obigen Maßnahmen erfolglos bleiben, sind die gleichen Gegenmaßnahmen wie für Schnecken zu ergreifen.

Immerhin sollte hier betont werden, daß die meisten im Aquarium auftretenden Probleme durchaus vermeidbar sind – einfach durch richtige Ersteinrichtung und durch regelmäßige Wartung und Pflege.

II. Zierfische für das Warmwasseraquarium

Obgleich man sich nicht ganz darüber einig ist, gibt es wohl ca. 500 Zierfischarten, die mehr oder weniger häufig bei unseren Zoofachhändlern anzutreffen sind. Manche Bücher erwähnen noch mehr Arten und führen ausführliche Angaben über den Fang, Transport und die Lieferung dieser oft recht zierlichen Fische auf. Da viele dieser Fische nur selten im Aquarium gepflegt werden, scheint es wenig sinnvoll, sie in diesem Buche aufzuführen. Glücklicherweise werden viele der am häufigsten gehaltenen Aquarienfische heutzutage in großen Fischfarmen gezüchtet, und wir sind daher auf die Versorgung mit diesen Arten nicht mehr auf Wildfänge angewiesen. Aquarianer sollen auch umweltbewußte Tierschützer sein! In diesem Buch werden 180 Fischarten – etwa 95% der in Aquarien gehaltenen Fische ≈ geschildert. Dabei werden nur Süßwasserfische erwähnt, da Meeresfische in anderen Büchern des Tetra-Verlages behandelt werden.

Die Fische in diesem Buch wurden aufgrund Ihrer Beliebtheit, Verfügbarkeit und Eignung für das Warmwasseraquarium gewählt. Das Buch soll kein detailliertes Nachschlagewerk für den Ichthyologen darstellen – gilt aber als hilfreiches Lehrbuch für den Aquarianer. Die meisten Abbildungen wurden vom deutschen Fischphotographen, Burkart Kahl, aufgenommen, dessen ausgezeichnet Arbeit vielen Amateuraquarianern bekannt ist.

Die in diesem Buch beschriebenen Fische stammen aus 27 verschiedenen Familien. Beispiele jeder dem Aquarianer bekannten Familien wurden für das Werk ausgewählt. Da ungefähr 90% der am häufigsten auftretenden Aquarienfische sogar aus nur 7 Familien stammen, sollte auch der Anfänger sie an ihren taxonomischen (wissenschaftlichen) Eigenschaften schnell erkennen. Die 27 in diesem Buch enthaltenen Familien werden in 8 allgemeinen Gruppierungen vorgestellt und innerhalb dieser Gruppen werden die Fische alphabetisch aufgelistet. Am Ende des Buches finden Sie ein Verzeichnis darüber.

Da das Buch grundsätzlich als praktischer Ratgeber anzusehen ist, sollten Sie beim Kauf eines bestimmten Fisches folgende Kriterien berücksichtigen:
– die endgültige Größe des Fisches
– dessen Verträglichkeit mit anderen Fischen
– die von ihm benötigte Aquariumgröße

Auch andere Faktoren werden Ihre Artenauswahl beeinflussen, wie z.B.:
– die Temperaturanforderungen, denn es ist nicht üblich, Tropen- und Kaltwasserfische im selben Aquarium zum pflegen
– die Wasserbeschaffenheit: Fische mit verschiedenen pH-Anforderungen sollten Sie nicht zusammen halten
– die Fütterung: Ein Flockenfutter der besten Qualität ist für die meisten Fischarten geeignet. Sie sollten auch darauf achten, daß auch die scheueren Individuen genug bekommen. Lebendfutter darf nur im Notfall gereicht werden.
– die Filterung: Wählen Sie die bestgeeignete Anlage für Ihr Aquarium. Dabei sollten Sie berücksichtigen, daß Fische, die den Bodengrund gern aufwühlen, in einem Becken mit einem Unterbodenfilter nicht zu halten sind.
– Bevorzugte Umwelt- bzw. Gesellschaftsbedingungen: Gewisse Fische lieben offenes Wasser, andere wiederum Becken mit dichter Bepflanzung. Einige müssen als Einzeltiere gehalten werden, andere als Paare oder in Schwärmen

Selbstverständlich können Sie Ihren Zoofachhändler als wichtigen Ratgeber betrachten, aber dieses Buch ermöglicht es Ihnen, auch selbst eine sorgfältige und geplante Auswahl Ihrer Aquarienfische zu treffen.

23

Checkliste für die erfolgreiche Zierfischhaltung

Richtige Ernährung: Ausgewogene und abwechslungsreiche Ernährung auf der Basis von Qualitäts-Flockenfutter. Überfütterung ist zu vermeiden.

Temperatur: Sprunghafte Änderungen sind zu vermeiden; 23-26° C für die meisten tropischen Arten.

Verträglichkeit: Dabei muß man sich vergewissern, daß alle Einwohner eines Aquariums sich miteinander vertragen. Scheue Fische sollten ausreichend Verstecke haben. Die meisten Fische sind als Pärchen oder kleine Schwärme zu halten.

Fischbesatz: 1,0 - 1,5 Liter Wasser pro Zentimeter Fisch (ausschließlich Schwanzflossen) im tropischen Süßwasseraquarium.

pH-Wert: Sprunghafte Änderungen sind zu vermeiden. Der Bereich 6,5 - 7,5 ist richtig für die meisten Süßwasserfische. Einige Arten bevorzugen Werte außerhalb dieses Bereichs.

Wasserhärte: Extreme Werte sind zu vermeiden.

Ammoniak/Nitrit: Nur geringfügige Mengen in eingerichteten Aquarien.

Pflanzen/Beleuchtung: 1 Watt auf 2 Liter Wasser. Eine höhere Intensität ist in tiefen Becken nötig, und umgekehrt in Aquarien die nicht so tief sind.
Leistungsstarke Punktanstrahlung kann das Wachstum fördern.

Filterung/Belüftung: Jederzeit sind ausreichende Filterung und Belüftung unerläßlich. Regelmäßige Filterwartung durchführen!

Teilwasserwechsel: Ca. $\frac{1}{4}$ - $\frac{1}{3}$ des Aquariumwassers alle 3-4 Wochen ersetzen. Aquarium mit aufbereitetem Wasser mit gleicher Temperatur auffüllen. Nachdüngung.

NICHT VERGESSEN: Regelmäßige Wartung gewährleistet gesunde Fische und Pflanzen.

Neueinrichtung eines Aquariums – Geräte

Aquarium (nötigenfalls auch Ständer)
Aquariumabdeckung mit 2 Leuchtstoffröhren à 15-20 Watt
Kies (10-15 kg) (Fragen Sie nach kalkfreien Sorten!)
Zwei Fangnetze
Scheibenreiniger
Luftschlauch und Verbindung (3 Meter)
Tetra Brillant Filter
Ausströmerstein
Bodengrunddünger
Luftpumpe
Heizung mit Thermostat mit Halter (ca. 40-50 Watt)
Thermometer
Zeitschaltuhr
Aquarium-Hintergrund (auf Wunsch)
Mulmsauger
Eimer
Styropor-Platten (2-3)
Test-Sets zur Messung des pH-Wertes, der Gesamthärte und des Nitrit.
(Die obigen Werte beziehen sich auf ein Aquarium mit den Abmessungen 60 x 30 x 30/40 cm. Der Einsatz von anderen Geräten ist auch möglich).

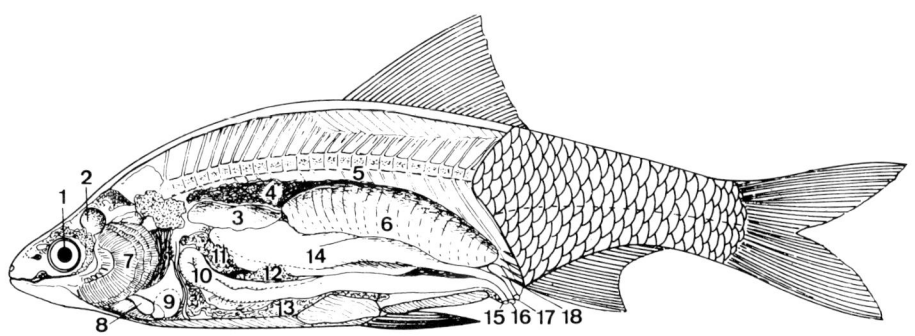

Anatomie des Fisches

1 = Auge, 2 = Mittelhirn, 3 + 6 = Schwimmblase, 4 = Niere, 5 = Rippen, 7 = Kiemen, 8 = Bulbus arteriosus, 9 = Herzkammer, 10 = Darm, 11 = I. Leberlappen, 12 = II. Leberlappen, 13 = III. Leberlappen, 14 = Hoden, 15 = After, 16 = Geschlechtsöffnung, 17 = Harnleiteröffnung, 18 = Harnblase

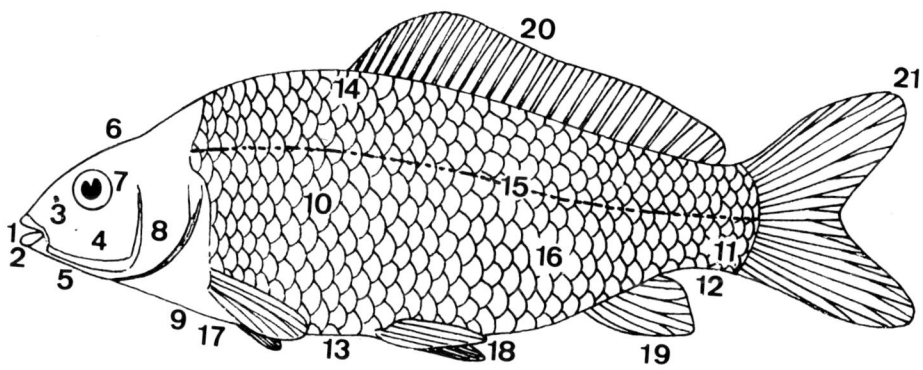

Morphologie des Fisches

1 = Schnauze, 2 = Lippen, 3 = Riechgrube, 4 = Wange, 5 = Kehle, 6 = Nacken, 7 = Auge, 8 = Kiemendeckel, 9 = Brust, 10 = Rumpf (vom Rand des Kiemendeckels bis zur Afteröffnung), 11 = Schwanz (von der Afteröffnung bis zum Schwanzflossenende), 12 = Schwanzstiel (vom Ende der Rücken- und Afterflosse bis Schwanzflossenanfang), 13 = Bauch, 14 = Rücken, 15 = Seitenlinie, 16 = Schuppen, 17 = Brustflossen, 18 = Bauchflossen (17 + 18 paarige Flossen), 19 = Afterflosse, 20 = Rückenflosse, 21 = Schwanzflosse (19-21 senkrechte oder unpaare Flossen)

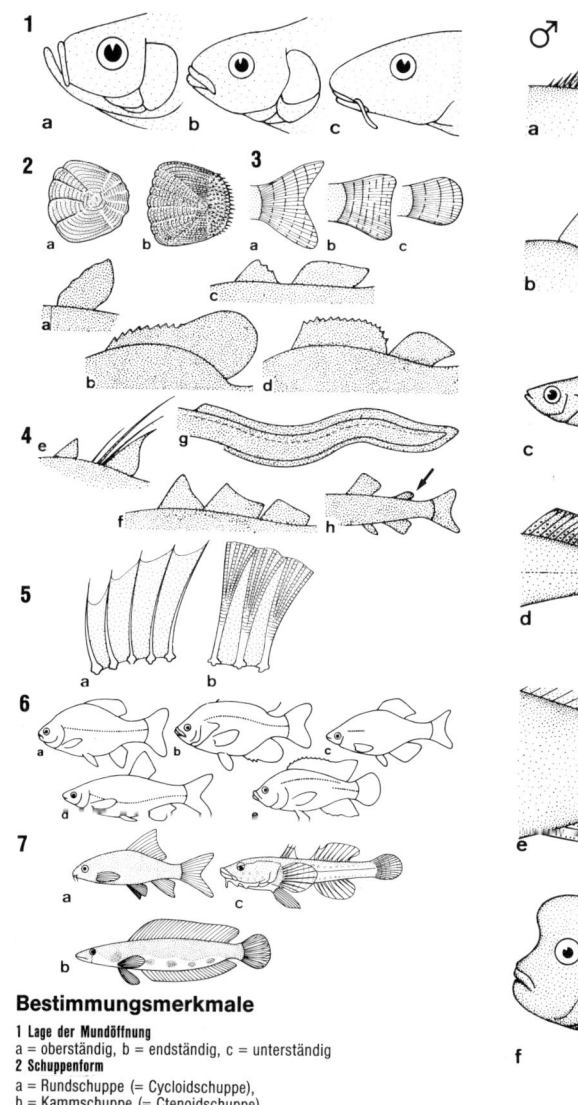

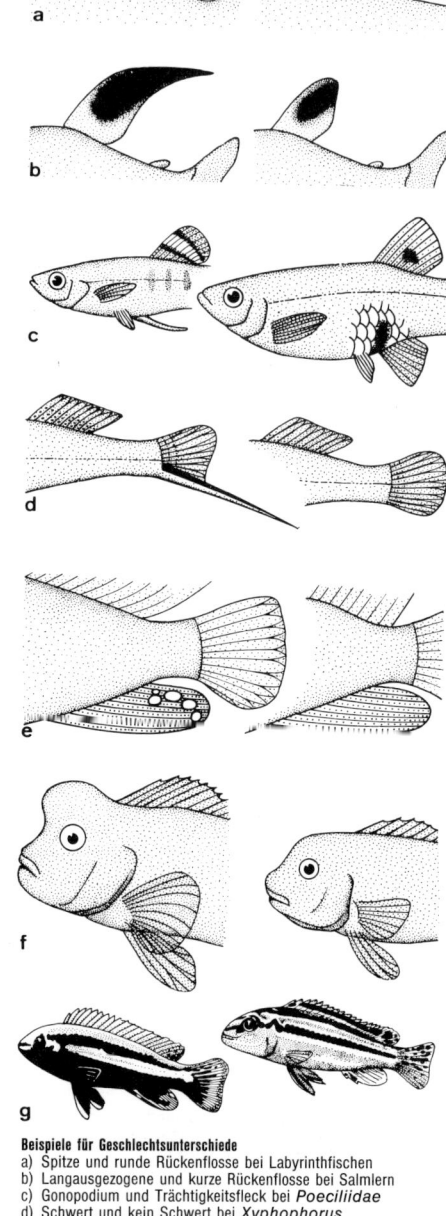

Bestimmungsmerkmale

1 Lage der Mundöffnung
a = oberständig, b = endständig, c = unterständig

2 Schuppenform
a = Rundschuppe (= Cycloidschuppe),
b = Kammschuppe (= Ctenoidschuppe)

3 Schwanzflossenformen
a = eingeschnitten, b = eingebuchtet,
c = rund

4 Rückenflossenformen
a = einfach, kurz, b = einfach, lang, Hart- und Weichstrahlen nicht getrennt, c = zweifach, Hart- und Weichstrahlen getrennt, d = zweifach, Hart- und Weichstrahlen getrennt, berühren sich aber, e = zweifach, Hart- und Weichstrahlen getrennt, Weichstrahlen ausgezogen, f = dreifach, g = Flossensaum, h = Fettflosse (Pfeil), keine echte Flosse

5 Flossenstrahlen
a = Hartstrahlen, b = Weichstrahlen

6 Seitenlinienform
a = einfach, gerade, b = einfach, nach oben gebogen, c = unvollständig, d = einfach, nach unten gebogen, e = zweiteilig, abgesetzt

7 Stellung der Bauchflossen
a = bauchständig, b = brustständig, c = kehlständig

Beispiele für Geschlechtsunterschiede
a) Spitze und runde Rückenflosse bei Labyrinthfischen
b) Langausgezogene und kurze Rückenflosse bei Salmlern
c) Gonopodium und Trächtigkeitsfleck bei *Poeciliidae*
d) Schwert und kein Schwert bei *Xyphophorus*
e) Eiflecken und keine Eiflecken in der Afterflosse von Cichliden
f) Fetthöcker und kein Fetthöcker bei einigen Cichliden
g) Färbungsunterschiede

Entwicklung bei Fischen

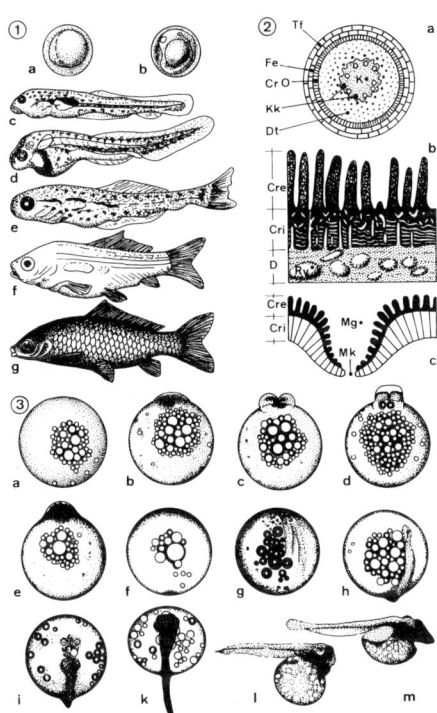

Brutfürsorge und Brutpflege bei Fischen

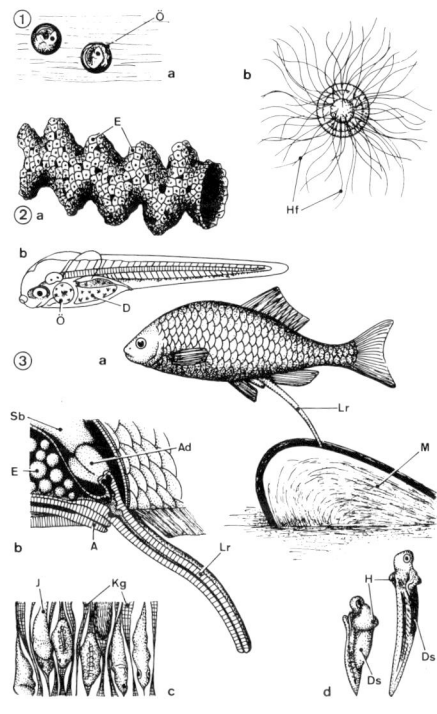

Abb. 1:
Die Reihenfolge der Entwicklungsperioden und Entwicklungsphasen im Leben der Goldfisches *(Carassius autatus)*.
a.-c. Embryonalperiode: a. Ovularphase,
b. Embryonalphase, c. Praelarvalphase.
d. + e. Larvalperiode: d. Protopterygiolarvalphase,
e. Ptergygiolarvalphase.
f. Jugendperiode
g. Reifeperiode.
h. Alterungsperiode (nicht abgebildet)

Abb. 2
a. Schemazeichnung einer Fischeizelle (Oocyte). b. Eizellhüllen einer Oocyte von dem Gründling *(Gobio gobio)*. c. Mikropyle (= Eindringstelle der Spermien in die Eier).
Cre = Cortex radiatus externus, Cri = Cortex radiatus internus, D = Dotter, Dt = Dottertropfen, Fe = Follikelepithel, MG = Mikropylengrube, MK = Mikropylenkanal, K = Kern, Kk = Kernkörperchen (Nucleolus), Rv = Rindenvakuole, Tf = Theca follikuli. Beide Cortex-Schichten bilden die Eihülle.

Abb. 3:
Entwicklung von *Fundulus heteroclitus:*
a. Eizelle (Oocyte), unbefruchtet; b. 1-Zellenstadium, c. 2-Zellenstadium, d. 4-Zellenstadium, e. 32-Zellenstadium, f. Flastula (Blasenkeim), g. Gastrula (Beckerkeim), h. Bildung der Augenvesikeln, i. Stadium der ersten Herzbewegungen, k. Stadium der Leber- und Leibeshöhlenbildung, l. Stadium des ersten Auftretens von Flossenstrahlen in der Schwanzflosse. m. Schlüpfstadium.

① Anpassung von Fischeiern an unterschiedliche ökologische Anforderungen. a. Planktonische Eier; die Eier schweben nach dem Ablaichen in den oberen bis mittleren Wasserschichten. Das Schweben wird durch das Vorkommen einer oder mehrerer Ölkugeln ermöglicht. b. Ei eines substratlaichenden Fisches. Die Eihülle hat feinste klebrige Fäden ausgebildet, die die Eier am Substrat befestigen.
Hf = Haftfäden, Ö = Ölkugel

② a. Ausschnitt aus der Laichschnur eines Flußbarsches *(Perca fluviatilis)*. Die Eier werden nicht einzeln, sondern in Bändern abgelegt. Die Eier haben eine dicke, klebrige Gallerthülle, die die Eier aneinander haften läßt. Diese Laichschnüre werden von den weiblichen Barschen an Wasserpflanzen und dergleichen befestigt. b. Fünf Tage alter Jungfisch des Kaulbarsches *(Gymnocephalus cernua)*. Deutlich sichtbar sind noch Ölkugel und Reste des Dotters. D = Dotter, E = Eier, Ö = Ölkugel

③ a. Bitterling bei der Eiablage (Einzelheiten siehe Einzelbeschreibung). b. Schnitt durch das Ovar (Eierstock) und die Legeröhre eines weiblichen Bitterlings. c. Lage der Jungfische vom Bitterling zwischen den Kiemenblättchen einer Teichmuschel *(Anodonta)*. d. Jungfische des Bitterlings in verschiedenen Altersstufen. Deutlich sieht man den Haftwulst und Reste des Dottersacks. Der Haftwulst ist eine Verdickung am Kopf, mit der die Jungfische in den Kiemen der Muschel verankert. Sind die Jungfische schlüpfbereit, so wird der Haftwulst zurückgebildet, und die 11 mm langen Fischchen verlassen die Muschel durch die Ausströmöffnung (Egestionsöffnung).
A = After, Ad = Anhangdrüse, Ds = Dottersack, E = Eier, H = Haftwulst, J = Jungfisch, Kg = Kiemengewebe, Lr = Legeröhre, M = Muschel, Sb = Schwimmblase

Gruppe 1

Unterordnung Anabantoidei
Labyrinthfische, Kletterfische

Die Labyrinthfische, deren Herkunft auf Asien und Afrika beschränkt ist, haben als gemeinsames Merkmal ein zusätzliches Atmungsorgan, das sogenannte Labyrinth. Dies sind beidseitige Ausstülpungen der Kiemenhöhle. Dieses Organ unterstützt die zur Atmung nicht ausreichend ausgebildeten Kiemen. Die Tiere holen zusätzlich Sauerstoff aus der Luft von der Oberfläche. Würden sie hieran gehindert, so müßten sie ersticken (ertrinken). Da die Tiere gegen kühle Außenluft empfindlich sind, sollte das Aquarium abgedeckt sein.

Bei den Fadenfischen sind die Bauchflossen zu Fäden umgebildet, die als empfindsame Tastorgane dienen und Geschmackzellen enthalten. Die meisten Arten dieser interessanten Labyrinthfische bauen an der Oberfläche ein Nest aus Schaumblasen, meist in Anlehnung an Schwimmpflanzen, auch mit feinen Pflanzenteilen untermischt. Im Schaumnest werden Eier und Junglarven vom Männchen gepflegt, nur dieses übt Brutpflege, bis die Jungfische frei schwimmen und beginnen, Futter aufzunehmen.

Die Zucht ist interessant und nicht schwierig.

Fast alle Labyrinthfisch-Arten benötigen zum Wohlbefinden Pflanzen im Aquarium, worin sie Zuflucht vor hellem Licht und bei Erschrecken suchen können. Ein dunkler Bodengrund ist vorteilhaft. Die meisten Arten sind anspruchslos bezüglich Wasserbeschaffenheit und Futter und für die Pflege in Gesellschaftsaquarien gut geeignet und auch für Anfänger sehr zu empfehlen. Am besten sind sie paarweise zu halten, natürlich können auch mehrere Paare vergesellschaftet werden (Ausnahme: Betta), jedenfalls sollen die Männchen nicht in der Überzahl sein.

Die auf den nächsten Seiten gezeigten, zu dieser Unterordnung gehörenden Arten sind folgenden Familien bzw. Unterfamilien zuzuordnen:

Familie Belontiidae
Unterfamilie Macropodinae Großflosser (M)
Unterfamilie Trichogasterinae Fadenfische (T)
Familie Helostomidae Küssende Guramis (H)

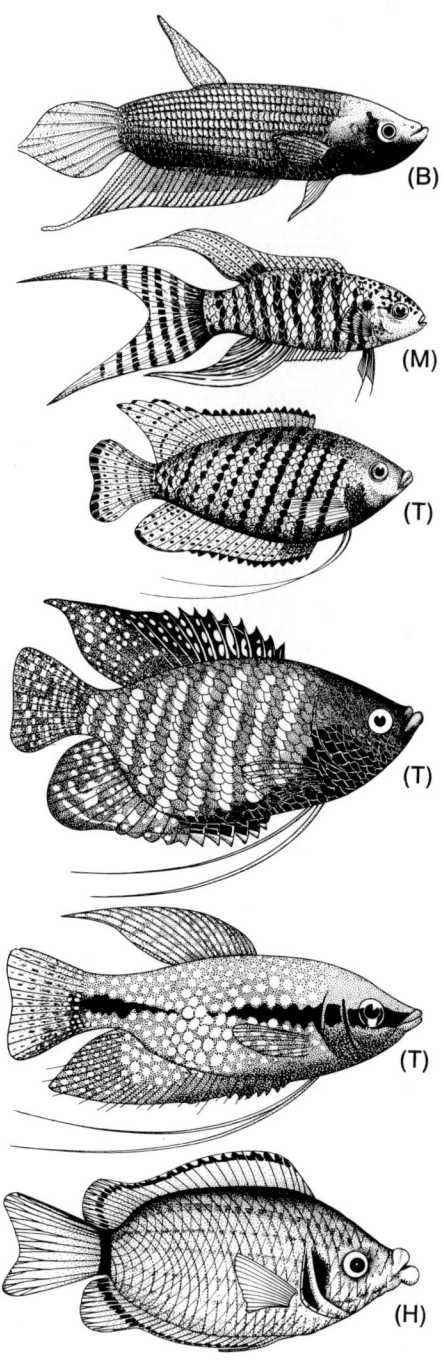

(B)

(M)

(T)

(T)

(T)

(H)

Name	**Kampffisch** *(Betta splendens)*
Heimat	Hinterindien (Malaya, Thailand)
Größe (ausgewachsen)	6 cm
Geschlechtsunterschied	Weibchen viel schwächer gefärbt, keine Schleier-flossen, auffallend helle Genitalpapille.
Aquarienhaltung	Nicht schwierig, aber Ernährungshinweise beachten.
Wasserbeschaffenheit	Temperatur: 24–30° C pH: 6,0-8,0 dGH: bis 25°
Futter	TetraMin, TetraTips, Tetra FD-Menü, Tetra Delica Rote Mückenlarven.
Wichtig zu wissen	Die als Schleierkampffische bekannten Zuchtfor-men gibt es in roten, blauen, grünen und anderen prachtvollen Farbvariationen. Einzelhaltung der Männchen erforderlich, wobei kleine Gläser genü-gen. Wenn hiervon mehrere nebeneinander gereiht werden, entfalten die Tiere ihre ganze Schönheit. Zwei Männchen in einem Aquarium bekämpfen sich bis zum Tode des Schwächeren. Schaumnestlaicher – Für Gesellschaftsaquarien eignet sich ein Männchen, für größere Becken auch ein Pärchen.

Name	**Paradiesfisch** *(Macropodus opercularis)*
Heimat	Korea, Südchina, Südvietnam, Taiwan
Größe (ausgewachsen)	10 cm
Geschlechtsunterschied	Das Männchen hat längere Flossenspitzen und ist kräftiger gefärbt.
Aquarienhaltung	Einfache Ansprüche an Wasser und Ernährung.
Wasserbeschaffenheit	Temperatur: 20–26° C pH: 6,0-8,0 dGH: bis 30°
Futter	TetraMin, TetraTips, gelegentl. kleine Regenwürmer
Wichtig zu wissen	Einer der ältesten, schönsten und interessantesten Aquarienfische. Kann im ungeheizten Zimmeraquarium gehalten werden. Robust und rauflustig; Vergesellschaftung daher nur mit größeren Fischen anzuraten. Braucht kräftige Kost. Schaumnestlaicher. Zuchttemperatur niedrig, ab 24° C.

Name	**Knurrender Zwerggurami** *(Trichopsis pumilus)*
Heimat	Vietnam, Malaya, Thailand, Sumatra
Größe (ausgewachsen)	3,5 cm
Geschlechtsunterschied	Rücken- und Afterflosse beim Männchen zugespitzt.
Aquarienhaltung	Nicht schwierig, aber Ernährungshinweise beachten.
Wasserbeschaffenheit	Temperatur: 24–28° C pH: 5,8-7,0 dGH: 2-10°
Futter	TetraMin, Tetra FD-Menü, Artemia.
Wichtig zu wissen	Kleine, hübsche, etwas schüchterne Art. Für Gesellschaftsaquarium wegen ihrer Kleinheit allerdings nur bedingt geeignet. Im allgemeinen friedlich. Kann während der Brutzeit gegen Artgenossen aggressiv werden. Bei der Balz werden deutlich vernehmbare Töne abgegeben. Kugeliges Schaumnest, meist nicht an der Oberfläche sondern in Höhlen und unter Blättern.

Name	**Knurrender Gurami** *(Trichopsis vittatus)*
Heimat	Thailand, Malakka, Große Sundainseln
Größe (ausgewachsen)	6 cm
Geschlechtsunterschied	Flossenspitzen beim Männchen verlängert.
Aquarienhaltung	Verlangt viel Fürsorge in Ernährung und Pflege.
Wasserbeschaffenheit	Temperatur: 24–28° C pH: 6,5-7,5 dGH: 3-15°
Futter	TetraMin, Tetra FD-Menü, TetraTips.
Wichtig zu wissen	Diese recht zart anmutende Art ist gewöhnlich etwas scheu und kommt daher im Gesellschaftsaquarium leicht zu kurz mit dem Futter. Man muß sich schon etwas um die Tiere kümmern, um sie längere Zeit gesund zu erhalten. – Beide Geschlechter können deutlich hörbare Töne erzeugen.

33

Name	**Küssender Gurami** (*Helostoma temminckii*)
Heimat	Hinterindien (Gr. Sundainseln, Malaya)
Größe (ausgewachsen)	12 cm
Geschlechtsunterschied	Bei Tieren über 10 cm ist das Weibchen etwas voller.
Aquarienhaltung	Einfache Ansprüche an Wasser und Ernährung.
Wasserbeschaffenheit	Temperatur: 22–28° C pH: 6,8-8,5 dGH: 5-30°
Futter	TetraMin, TetraPhyll, TetraTips.
Wichtig zu wissen	Die meist erhältliche halb-albinotische Varietät (unten) ist eine Zuchtform der grüngrauen Wildform (oben). In jüngeren Exemplaren für das Zimmeraquarium gut geeignet, ältere Tiere werden recht groß. Wärmebedürftig, sonst anspruchslos. Rivalitätskämpfe werden durch Aufeinanderpressen der großen Lippen ausgetragen, deshalb „Küssender" Gurami.

Name	**Dicklippiger Fadenfisch** *(Colisa labiosa)*
Heimat	Hinterindien (Birma)
Größe (ausgewachsen)	10 cm
Geschlechtsunterschied	Das Männchen ist sehr dicklippig und stärker gefärbt als das Weibchen.
Aquarienhaltung	Einfache Ansprüche an Wasser und Ernährung.
Wasserbeschaffenheit	Temperatur: 22–28° C pH: 6,0-7,5 dGH: 4-10°
Futter	TetraMin, TetraPhyll, TetraTips.
Wichtig zu wissen	Genügsame, robuste Art, welche sich in gut bepflanzten Becken mit viel Licht besonders wohlfühlt. Für Gesellschaftsaquarien gut geeignet. Friedlich. Weniger farbenfreudig als folgende Art. Schaumnestlaicher.

Name	**Zwergfadenfisch** *(Colisa lalia)*
Heimat	Indien (Bengalen, Assam)
Größe (ausgewachsen)	5 cm
Geschlechtsunterschied	Das Männchen ist wesentlich intensiver gefärbt.
Aquarienhaltung	Einfache Ansprüche an Wasser und Ernährung.
Wasserbeschaffenheit	Temperatur: 22–28° C pH: 6,0-7,5 dGH: 4-10°
Futter	TetraMin, TetraPhyll, TetraTips.
Wichtig zu wissen	Farbenprächtige, genügsame Art, welche am besten in Gesellschaft kleinerer ruhiger Fische zur Geltung kommt. Liebt gut ausgeleuchtete, dicht bepflanzte Becken mit dunklem Bodengrund, anderenfalls etwas scheu und weniger farbig. Schaumnestlaicher (benützt feine Pflanzenteile mit zum Nestbau).

Name	**Honiggurami** *(Colisa sota)*
Heimat	Nordostindien, Assam
Größe (ausgewachsen)	5 cm
Geschlechtsunterschied	Männchen intensiver gefärbt, besonders während der Laichzeit.
Aquarienhaltung	Einfache Ansprüche an Wasser und Ernährung.
Wasserbeschaffenheit	Temperatur: 22–28° C pH: 6,0-7,5 dGH: bis 15°
Futter	TetraMin, TetraPhyll, TetraTips.
Wichtig zu wissen	Sehr schöne, verträgliche Art, welche gut mit nicht zu großen ruhigen Fischen zu vergesellschaften ist. Besser Haltung paarweise in dicht bepflanzten Aquarien. Sonst wie *Colisa lalia*. Schaumnestlaicher.

37

Name	**Schokoladengurami** *(Sphaerichthys osphromenoides)*
Heimat	Sumatra und Halbinsel Malakka
Größe (ausgewachsen)	5 cm
Geschlechtsunterschied	Schwierig zu erkennen, Rückenflosse beim Männchen etwas spitzer.
Aquarienhaltung	Nur für erfahrene Aquarianer empfehlenswert, besondere Ansprüche an Wasserbeschaffenheit und Ernährung.
Wasserbeschaffenheit	Temperatur: 25–30° C pH: 6,0-7,0 dGH: 2-4°
Futter	TetraMin, Tetra FD-Menü, Artemia, Lebendfutter.
Wichtig zu wissen	Eine begehrenswerte, aber leider recht empfindliche Art. Reines Wasser ist Voraussetzung für Wohlbefinden und eine gewisse Lebensdauer. Mit AquaSafe ist die Pflege auch dieser besonders heiklen Art weitgehend unproblematisch geworden, wobei allerdings sorgfältigste Fütterung, auch mit Lebendfutter, unerläßlich ist. – Die Nachzucht (Maulbrüter) ist gelungen, aber schwierig und in jedem Falle eine dankenswerte Aufgabe für sehr erfahrene Aquarianer.

Name	**Mosaikfadenfisch** *(Trichogaster leeri)*
Heimat	Malaya, Thailand, Sumatra, Borneo
Größe (ausgewachsen)	10 cm
Geschlechtsunterschied	Das Männchen hat eine ausgezogene Rücken- und Afterflosse, in der Brutzeit ziegelroter Bauch. Schlanker als das Weibchen.
Aquarienhaltung	Einfache Ansprüche an Wasser und Ernährung.
Wasserbeschaffenheit	Temperatur: 23–28° C pH: 6,5-8,5 dGH: 5-30°
Futter	TetraMin, TetraPhyll, TetraTips.
Wichtig zu wissen	Sehr schöne und anmutige Art. Liebt geräumige, alt eingerichtete und gut bepflanzte Aquarien. Oberfläche mit Schwimmpflanzen abdecken. Wenn zu hell gehalten, etwas schreckhaft. Vergesellschaftung auch mit kleineren Fischen gut möglich. Pärchen leben in Ehe. Schaumnest in Anlehnung an ein Blatt.

Name	**Blauer Fadenfisch** *(Trichogaster trichopterus sumatranus)*
Heimat	Sumatra
Größe (ausgewachsen)	8-10 cm
Geschlechtsunterschied	Männchen hat stark ausgezogene Rückenflossen.
Aquarienhaltung	Einfache Ansprüche an Wasser und Ernährung.
Wasserbeschaffenheit	Temperatur: 23–28° C pH: 6,0-8,8 dGH: 5-35°
Futter	TetraMin
Wichtig zu wissen	Sehr verbreitete, genügsame Art. Anspruchslos bezüglich Futter und Wasserbeschaffenheit. Vergesellschaftung auch mit kleineren Fischen möglich. Leicht zu züchten. Sehr produktiv. Aus einem Gelege können tausende von Jungfischen erzielt werden. Es wird ein loses, weitflächiges Schaumnest an pflanzenreicher Stelle gebaut. Die Art frißt sogar Hydra und Planarien (Scheibenwürmer)! Sie kann damit als nützlicher Schädlingsvertilger eingesetzt werden.

Name	**Marmorfadenfisch** *(Trichogaster „cosby")*
Heimat	Zuchtform
Größe (ausgewachsen)	8-10 cm
Geschlechtsunterschied	Das Männchen hat eine stark ausgezogene Rückenflosse, schlanker in der Körperform.
Aquarienhaltung	Einfache Ansprüche an Wasser und Ernährung.
Wasserbeschaffenheit	Temperatur: 23–28° C pH: 6,0-8,8 dGH: 5-35°
Futter	TetraMin
Wichtig zu wissen	Beliebte Zuchtform des Blauen Fadenfisches, anspruchslos und ausdauernd. Gegenüber anderen Fischen friedlich. Gegenüber Artgenossen manchmal zänkisch. Ältere Tiere sind wie bei *Trichogaster trichopterus sumatranus* etwas träge und langweilig.

Gruppe 2

Unterordnung Characoidei
Salmler

Alle Familien und Arten dieser Unterordnung sind in Süd- und Mittelamerika bzw. Afrika beheimatet. Diese große, äußerst vielgestaltige Unterordnung umfaßt 14 Familien, davon die Familie Characidae, der Echten Amerikanischen Salmler im engeren Sinne, allein wiederum 14 Unterfamilien mit vielen für die Pflege im Aquarium geeigneten Arten. Salmler sind, von Ausnahmen abgesehen, an der sog. Fettflosse zu erkennen, einer kleinen, meist stützenlosen Flosse, die sich auf dem Rücken nahe vor der Schwanzflosse befindet. Fast alle Arten sind Schwarmfische, zumindest leben sie gesellig. Am besten kommen sie in Gruppen von nicht weniger als vier bis sechs Tieren je Art zur Wirkung. Man sollte lieber weniger Arten, dafür mehr Tiere je Art pflegen. Salmler lieben helle Aquarien mit Pflanzen und brauchen Platz zum Ausschwimmen. Eine dunkle Bodenoberfläche erhöht die Wirkung ihrer meist bunten Farben.

Fast alle Arten sind Freilaicher. Nach lebhaftem Treiben und Balzspielen werden die meist zahlreichen Eier in und über feingliedrigen Pflanzen frei abgestoßen und ihre Entwicklung wird dem Zufall überlassen. – Nur wenige Arten üben Brutpflege.

Salmler brauchen reines, klares, sauerstoffreiches Wasser. (Ein gut arbeitender Filter sorgt für Reinigung und Sauerstoffanreicherung.) Die allermeisten Arten lassen sich sowohl miteinander als auch passend mit verträglichen Arten anderer Familien vergesellschaften.

Allgemein sind Salmler leicht zu pflegen und auch für den Anfänger geeignet. Von wenigen Ausnahmen abgesehen bevorzugen sie Nahrung tierischen Ursprungs. Salmler gründeln nicht, sondern nehmen die Nahrung von der Oberfläche oder aus dem freien Wasser. Ein Salmleraquarium ist daher frei von aufgewirbelten Schmutzpartikeln, was Salmler für empfindliche, feinfiedrige und schmutzempfindliche Pflanzen besonders geeignet macht.

Die auf den nächsten Seiten gezeigten Arten sind folgenden Familien zuzuordnen:

Anostomidae	Engmaulsalmler	(A)
Alestidae	Echte Afrikanische Salmler	(Al)
Characidae	Echte Amerikanische Salmler	(*)
Curimatidae	Barbensalmler	(C)
Gasteropelecidae	Beilbauchfische	(G)
Lebiasinidae	Schlanksalmler	(Le)

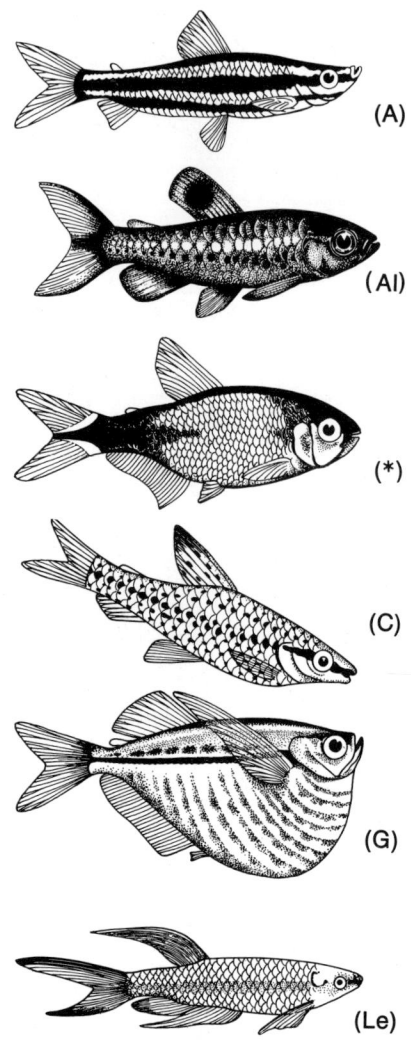

Typische Körperformen der Fischgruppe 2

Name	**Prachtkopfsteher** *(Anostomus anostomus)*
Heimat	Südamerika, Guayana, Amazonas, Orinoko
Größe (ausgewachsen)	12 cm
Geschlechtsunterschied	Nicht sichtbar
Aquarienhaltung	Verlangt viel Fürsorge in Ernährung und Pflege.
Wasserbeschaffenheit	Temperatur: 22–28° C pH: 5,8-7,5 dGH: bis 20°
Futter	TetraMin, TetraRubin, Tetra FD-Menü, TetraTips.
Wichtig zu wissen	Ansprechender, gegen andere Arten friedlicher Fisch. Größere Fische bilden Reviere, daher gegen Artgenossen angriffslustig, und am besten nur einen oder aber mindestens drei gleichstarke Exemplare halten. Bevorzugt freien Schwimmraum und dichte Bepflanzung. Kommt am wirkungsvollsten mit schmalen, langblättrigen Pflanzen u. Wurzelholz zur Geltung. Für Gesellschaftsaquarien geeignet, ist aber ziemlich scheu u. deshalb weniger interessant. Einzelheiten über Fortpflanzung bisher nicht bekannt.

Name	**Afrikanischer Großschuppensalmler** *(Arnoldichthys spilopterus)*
Heimat	Tropisches Westafrika
Größe (ausgewachsen)	7 cm
Geschlechtsunterschied	Afterflosse beim Weibchen nur wenig ausgebuchtet und ohne rote Flecken.
Aquarienhaltung	Einfache Ansprüche an Wasser und Ernährung.
Wasserbeschaffenheit	Temperatur: 22–28° C pH: 6,0-7,5 dGH: bis 20°
Futter	TetraMin, TetraRubin, Tetra FD-Menü.
Wichtig zu wissen	Sehr schöner und dekorativer, bewegungslustiger Schwarmfisch, der auch wirklich nur im Schwarm gehalten werden sollte. Benötigt geräumige, gut abgedeckte Aquarien mit viel Schwimmraum. Liebt weiches, leicht saures Wasser. Friedlich und mit gleichgroßen Fischen gut zu vergesellschaften.

Name	**Blauer Kongosalmler** *(Phenacogrammus interruptus)*
Heimat	Kongobecken, Afrika
Größe (ausgewachsen)	8 cm
Geschlechtsunterschied	Schwanz und Rückenflosse beim Männchen stark verlängert, aber erst erkennbar im Alter von 10-12 Monaten.
Aquarienhaltung	Nicht schwierig, aber Ernährungshinweise beachten.
Wasserbeschaffenheit	Temperatur: 24–28° C pH: 6,2 dGH: 4-18°
Futter	TetraMin, Tetra FD-Menü, Tetra Delica Rote Mückenlarven.
Wichtig zu wissen	Ein eleganter in Flossen und Farben prächtiger Schwarmfisch. Entsprechend seiner Bewegungs-freudigkeit geräumige Aquarien mit viel Schwimm-raum bieten, aber auch Versteckmöglichkeiten zwi-schen Pflanzen und Schutz vor grellem Licht unter Schwimmpflanzen. Nahrung wird überwiegend von der Oberfläche genommen. Häufige Frischwasser-zugabe (AquaSafe) ist anzuraten.

Name	**Punktierter Kopfsteher** (Chilodus punctatus)
Heimat	Guayana, Surinam, im ganzen Gebiet des nordöstlichen Südamerikas.
Größe (ausgewachsen)	10 cm
Geschlechtsunterschied	Das Weibchen ist kräftiger als das Männchen.
Aquarienhaltung	Verlangt viel Fürsorge in Ernährung und Pflege.
Wasserbeschaffenheit	Temperatur: 24–28° C pH: 6,0-7,0 dGH: bis 10°
Futter	TetraMin, TetraTips, Tetra FD-Menü.
Wichtig zu wissen	Friedlicher, geselliger Fisch, Körperhaltung stark schräg nach unten (Name!). Manchmal streitsüchtig gegen Artgenossen. Liebt dichten Pflanzenwuchs u. Wurzelversteckmöglichkeiten. Für größeres Gesellschaftsaquarium gut geeignet.

Name	**Rotflossensalmler** *(Aphyocharax anisitsi)*
Heimat	Argentinien, Stromgebiet des La Plata
Größe (ausgewachsen)	5 cm
Geschlechtsunterschied	Das Männchen ist schlanker.
Aquarienhaltung	Einfache Ansprüche an Wasser und Ernährung.
Wasserbeschaffenheit	Temperatur: 20–26° C pH: 6,0-8,0 dGH: bis 30°
Futter	TetraMin, TetraRubin.
Wichtig zu wissen	Munterer kleiner und verträglicher Schwarmfisch, welcher sich gut für das bepflanzte Gesellschaftsaquarium eignet. Belebt den oberen Wasserbereich, stellt keine besonderen Ansprüche, wird bei niedrigen Temperaturen jedoch träge und farblos. Wirkt nur im Schwarm.

47

Name	**Trauermantelsalmler** *(Gymnocorymbus ternetzi)*
Heimat	Oberlauf des Rio Paraguay
Größe (ausgewachsen)	5 cm
Geschlechtsunterschied	Schwanzlappen beim Männchen deutlich weiß, zierlicher als das Weibchen.
Aquarienhaltung	Einfache Ansprüche an Wasser und Ernährung.
Wasserbeschaffenheit	Temperatur: 22–28° C pH: 5,8-8,2 dGH: bis 30°
Futter	TetraMin
Wichtig zu wissen	Anspruchsloser Anfängerfisch. Junge halbwüchsige Tiere mit ihren tiefschwarzen Flossen bringen kontrastreiche Abwechslung in das Gesellschaftsaquarium. Sehr wirksam und schön im Schwarm. – Starker Fresser, wächst leider zu schnell; große Tiere sind weniger schön, statt schwarz sind die Flossen grau. Die Art liebt helle Aquarien mit klarem Wasser.

Name	**Kupfersalmler** *(Hasemania nana)*
Heimat	Südöstliches Brasilien
Größe (ausgewachsen)	5 cm
Geschlechtsunterschied	Das Männchen ist kupferglänzend, das Weibchen ist silberglänzend; gedrungener.
Aquarienhaltung	Einfache Ansprüche an Wasser und Ernährung.
Wasserbeschaffenheit	Temperatur: 22–28° C pH: 6,0-7,5 dGH: 4-20°
Futter	TetraMin, TetraRubin, Tetra FD-Menü.
Wichtig zu wissen	Dieser farbschöne, lebhafte und friedliche Schwarmfisch läßt sich mit ähnlichen kleinen Salmlern, wie Neonfischen und Roten Neon, auch in kleinen Aquarien gut vergesellschaften. Liebt reich bepflanzte Aquarien, aber mit genügend Schwimmraum. Stellt keine besonderen Ansprüche, kommt aber farblich richtig nur bei dunklem Grund und gedämpfter Beleuchtung zur Geltung.

49

Name	**Rotkopfsalmler** *(Hemmigrammus bleheri)*
Heimat	Kolumbien und Rio Negro im Schwarzwasser
Größe (ausgewachsen)	5 cm
Geschlechtsunterschied	Das Männchen ist schlanker, schwer zu unterscheiden.
Aquarienhaltung	Nur für erfahrene Aquarianer empfehlenswert, besondere Ansprüche der Wasserbeschaffenheit und Ernährung.
Wasserbeschaffenheit	Temperatur: 24–28° C pH: 6,0-7,0 dGH: bis 10°
Futter	TetraMin, TetraRubin, Tetra FD-Menü, Artemia.
Wichtig zu wissen	Friedliche Fische, welche sich auch gut für ein gepflegtes Gesellschaftsaquarium eignen. Verlangt viel Aufmerksamkeit in der Fütterung, kommt sonst leicht zu kurz. Gut bepflanzte Aquarien mit freiem Schwimmraum sind angebracht. Für weiches, leicht saures Wasser sorgen. Sehr schöne Arten für Kenner und Könner, sollten aber im Schwarm gehalten werden. ToruMin-Zugabe nach jedem Wasserwechsel ist angeraten.

Name	**Rautenflecksalmler** *(Hemigrammus caudovittatus)*
Heimat	Stromgebiet des La Plata
Größe (ausgewachsen)	7 cm
Geschlechtsunterschied	Das Weibchen ist etwas größer und voller, Flossen nahezu farblos.
Aquarienhaltung	Einfache Ansprüche an Wasser und Ernährung.
Wasserbeschaffenheit	Temperatur: 20–26° C pH: 5,8-8,5 dGH: bis 35°
Futter	TetraMin, TetraPhyll.
Wichtig zu wissen	Anspruchsloser und schwimmfreudiger Schwarm-fisch, der sich gut für das Anfängeraquarium eignet und auch ohne Schwierigkeiten nachzuzüchten ist. Nur in genügend großem Aquarium mit ausreichen-dem Schwimmraum halten. Gefräßige Art, die leider zu gern die Pflanzen abfrißt und wohl daher nur noch selten gepflegt wird.

51

Name	**Glühlichtsalmler** (*Hemigrammus erythrozonus*)
Heimat	Nordöstliches Südamerika
Größe (ausgewachsen)	4 cm
Geschlechtsunterschied	Das Männchen ist schlanker, die Bauchpartie wirkt eingefallen.
Aquarienhaltung	Nicht schwierig, aber Ernährungshinweise beachten.
Wasserbeschaffenheit	Temperatur: 24–28° C pH: 5,8-7,5 dGH: bis 15°
Futter	TetraMin, Tetra FD-Menü, Artemia, TetraRubin.
Wichtig zu wissen	Dieser zarte, sehr schöne Schwarmfisch kommt am besten in Aquarien mit gedämpftem Licht auf dunklem Bodengrund zur Geltung (Urwaldstimmung). Nur so zeigt sich der einzigartige, metallisch rote Längsstreifen in voller Schönheit. Haltung ähnlich der des Neon, läßt sich mit diesem und anderen Salmlern auch sehr gut vergesellschaften.

Name	**Schlußlichtsalmler,** auch **Laternensalmler** *(Hemigrammus ocellifer)*
Heimat	Guayana bis zum Stromgebiet des Amazonas
Größe (ausgewachsen)	4 cm
Geschlechtsunterschied	Das Männchen ist zierlicher, Schwimmblase im durchfallenden Licht gut sichtbar, beim Weibchen teilweise verdeckt.
Aquarienhaltung	Nicht schwierig, aber Ernährungshinweise beachten.
Wasserbeschaffenheit	Temperatur: 24–28° C pH: 5,5-7,0 dGH: bis 15°
Futter	TetraMin, TetraTips, Artemia.
Wichtig zu wissen	Ansprechender, friedlicher Schwarmfisch. Der auf der Schwanzwurzel sitzende, golden irisierende Fleck (Name!) kommt richtig nur bei gedämpfter Beleuchtung in reich bepflanztem Aquarium mit dunklem Bodengrund zur Geltung. Ist für das Gesellschaftsaquarium gut geeignet, braucht aber Aufmerksamkeit in der Fütterung.

Name	**Karfunkelsalmler** *(Hemigrammus pulcher)*
Heimat	Peruanisches Gebiet des oberen Amazonas
Größe (ausgewachsen)	4 cm
Geschlechtsunterschied	Das Männchen ist etwas schlanker, Schwimm-blase im durchfallenden Licht voll sichtbar.
Aquarienhaltung	Nicht schwierig, aber Ernährungshinweise beachten.
Wasserbeschaffenheit	Temperatur: 24–28° C pH: 5,5-7,5 dGH: bis 15°
Futter	TetraMin, Tetra FD-Menü, Artemia.
Wichtig zu wissen	Friedlicher Schwarmfisch, nicht so lebhaft wie viele andere Salmler. Ist in gut bepflanzten Aquarien nicht scheu. Gedämpftes Licht und dunkler Bodengrund bringt den schönen, metallisch-bronzenen Glanz der Fische erst richtig zur Wirkung. Die Art ist leider nicht sehr robust und braucht torfgefiltertes Wasser bzw. ToruMin.

Name	**Schmucksalmler** *(Hyphessobrycon bentosi bentosi)*
Heimat	Guayana bis Oberlauf des Amazonas
Größe (ausgewachsen)	4 cm
Geschlechtsunterschied	Männchen mit fahnenartig ausgezoger Rückenflosse.
Aquarienhaltung	Einfache Ansprüche an Wasser und Ernährung.
Wasserbeschaffenheit	Temperatur: 24–28° C pH: 5,8-7,5 dGH: bis 20°
Futter	TetraMin, TetraRubin.
Wichtig zu wissen	Sehr schöner, attraktiver und friedlicher Schwarm-fisch, welcher sich gut mit größeren und kleineren Fischen vergesellschaften läßt. Liebt gut bepflanzte Aquarien mit schattigen Plätzen und belebt hier die mittlere bis untere Wasserregion. Besonders unter-haltsam sind die anmutigen Imponierspiele der prächtigen Männchen, daher wenigstens vier bis sechs Tiere pflegen. Alles in allem ist diese Art eine der liebenswertesten unter den Salmlern.

Name	**Blutsalmler** (Hyphessobrycon callistus)
Heimat	Gebiet des Rio Paraguay
Größe (ausgewachsen)	4 cm
Geschlechtsunterschied	Das Männchen ist schlanker, und etwas intensiver gefärbt.
Aquarienhaltung	Nicht schwierig, aber Ernährungshinweise beachten.
Wasserbeschaffenheit	Temperatur: 24–28° C pH: 5,8-7,5 dGH: bis 25°
Futter	TetraMin, TetraRubin, Tetra FD-Menü, Artemia.
Wichtig zu wissen	Dieser in seinen Rottönen sehr schöne im losen Schwarm lebende Fisch ist mit Vorbehalt auch zur Vergesellschaftung mit anderen nicht zu kleinen Arten geeignet. Beißt bei mangelnder Ernährung mitunter kleineren Fischen die Augen aus. Benötigt Raum in nicht zu kleinen Aquarien mit dichter Bepflanzung, wo er vorwiegend die untere Wasserregion belebt.

Name	**Kirschflecksalmler** *(Hyphessobrycon erythrostigma)*
Heimat	Kolumbien
Größe (ausgewachsen)	5 cm
Geschlechtsunterschied	Beim Männchen ist die Rückenflosse fahnenartig ausgezogen.
Aquarienhaltung	Nicht schwierig, aber Ernährungshinweise beachten.
Wasserbeschaffenheit	Temperatur: 24–28° C pH: 5,6-7,2 dGH: bis 12°
Futter	TetraMin, TetraRubin, TetraTips, Artemia.
Wichtig zu wissen	Eine sehr farbenprächtige Art. Wenn sie nicht häufiger im Aquarium gepflegt wird, mag das am mangelnden Angebot liegen. Einzeln gehalten, verkümmern die schönen Tiere. – Am besten nur mit Salmlern ähnlicher „Lebensart" und z.B. Skalaren vergesellschaften. Sonst wie *Hyphessobrycon bentosi bentosi.*

Name	**Roter von Rio** *(Hyphessobrycon flammeus)*
Heimat	Umgebung von Rio de Janeiro, Brasilien
Größe (ausgewachsen)	4 cm
Geschlechtsunterschied	Afterflosse beim Männchen tiefrot mit samt-schwarzem Saum, beim Weibchen blaß rosa.
Aquarienhaltung	Einfache Ansprüche an Wasser und Ernährung.
Wasserbeschaffenheit	Temperatur: 22–26° C pH: 5,8-7,8 dGH: bis 25°
Futter	TetraMin, TetraRubin.
Wichtig zu wissen	Einer der ältesten, leider nicht mehr häufig gepfleg-ten Aquarienfische. Gut für das Gesellschaftsaqua-rium des Anfängers geeignet. – Untereinander und gegenüber anderen Fischen friedlich. – Mit TetraRu-bin-Futter wird diese reizende Art so farbig wie in der Natur!

Name	**Schwarzer Neon** *(Hyphessobrycon herbertaxelrodi)*
Heimat	Stromgebiet des Amazonas
Größe (ausgewachsen)	4 cm
Geschlechtsunterschied	Das Männchen hat bläulich-weiße Flossenspitzen.
Aquarienhaltung	Nicht schwierig, aber Ernährungshinweise beachten.
Wasserbeschaffenheit	Temperatur: 22–28° C pH: 5,5-7,5 dGH: bis 15°
Futter	TetraMin, Tetra FD-Menü, Artemia.
Wichtig zu wissen	Ein ansprechender, friedlicher Schwarmfisch der oberen Wasserregion mit seltener grünschwarzer Färbung. Die Art verlangt aufmerksame Beobachtung und sorgfältige Ernährung. Fühlt sich sichtlich am wohlsten, wenn dichte Pflanzenpartien Versteckmöglichkeiten bieten. – Eine schöne Art für das spezielle Kleinsalmler-Aquarium.

Name	**Zitronensalmler** *(Hyphessobrycon pulchripinnis*
Heimat	Südamerika, südl. Amazonas-Nebenflüsse
Größe (ausgewachsen)	4 cm
Geschlechtsunterschied	Das Männchen ist etwas schlanker, Schwimm-blase im durchscheinenden Licht spitzer erscheinend als beim Weibchen.
Aquarienhaltung	Einfache Ansprüche an Wasser und Ernährung.
Wasserbeschaffenheit	Temperatur: 24–28° C pH: 5,5-8,0 dGH: bis 25°
Futter	TetraMin, TetraRubin, TetraTips.
Wichtig zu wissen	Anmutiger, friedlicher Schwarmfisch für gut be-pflanzte Aquarien. Kommt am besten zur Geltung, wenn nicht in Konkurrenz zu anderen lebhafter ge-färbten Arten stehend. Die Art ist weniger lebhaft und fühlt sich auch in kleineren Aquarien sichtlich wohl. Erst ausgewachsene Tiere zeigen ihre volle Farbenpracht, besonders nach TetraRubin-Fütte-rung.

Name	**Roter Phantomsalmler** *(Megalamphodus sweglesi)*
Heimat	Rio Muco, Rio Meta, Orinoko-Flußläufe, Südamerika
Größe (ausgewachsen)	4 cm
Geschlechtsunterschied	Männchen mit dunklem Mittelfleck in der Rückenflosse.
Aquarienhaltung	Verlangt viel Fürsorge in Ernährung und Pflege.
Wasserbeschaffenheit	Temperatur: 22–28° C pH: 5,5-7,5 dGH: bis 20°
Futter	TetraMin, TetraRubin, Tetra FD-Menü, Artemia.
Wichtig zu wissen	Die Art ist wohl noch schöner als *Hyphessobrycon erythrostigma* und *Hyphessobrycon bentosi bentosi,* leider auch etwas anspruchsvoller Wasserbeschaffenheit und Ernährung betreffend. Man muß sich um diese Kostbarkeit schon richtig kümmern, um sie länger als ein Jahr bei Gesundheit und voller Schönheit zu erhalten. Am besten nur mit anderen Salmlern und z. B. Zwergbuntbarschen vergesellschaften.

61

Name	**Rotaugen-Moenkhausia** *(Moenkhausia sanctaefilomenae)*
Heimat	Stromgebiet des Rio Paraguay, Südamerika
Größe (ausgewachsen)	6 cm
Geschlechtsunterschied	Das Männchen ist etwas kleiner und schlanker, aber doch schwer zu unterscheiden.
Aquarienhaltung	Einfache Ansprüche an Wasser und Ernährung.
Wasserbeschaffenheit	Temperatur: 20–26° C pH: 5,5-8,5 dGH: bis 30°
Futter	TetraMin.
Wichtig zu wissen	Anspruchsloser, friedlicher und wegen der bemerkenswert roten Augen hübscher Schwarmfisch. Sehr gut für das Gesellschaftsaquarium und auch für Anfänger geeignet. Bevorzugt wird die untere Wasserregion. Auch diese Fische lieben ganz klares reines Wasser und dichte Bepflanzung mit genügend Schwimmraum. In der Zucht nicht schwierig.

Name	**Kaisersalmler** *(Nematobrycon palmeri)*
Heimat	Kolumbien
Größe (ausgewachsen)	5 cm
Geschlechtsunterschied	Beim Männchen mittlere und untere Flossen-strahlen der Schwanzflosse ausgezogen, Weibchen ist blasser.
Aquarienhaltung	Verlangt viel Fürsorge in Ernährung und Pflege.
Wasserbeschaffenheit	Temperatur: 22–28° C pH: 5,0-7,8 dGH: bis 25°
Futter	TetraMin, TetraTips, Tetra FD-Menü, Artemia.
Wichtig zu wissen	Auffallender, für das Gesellschaftsaquarium gut geeigneter Schwarmfisch. Erfordert häufigere klei-ne Futtergaben, kommt sonst zu kurz. Ohne Litera-turstudium sollten Anfänger sich nicht heranwagen. – Ausgewachsene Männchen bilden Reviere u. kön-nen dann gegenüber Artgenossen etwas rabiat sein.

Name	**Roter Neonsalmler** *(Paracheirodon axelrodi)*
Heimat	Nördliche Zuflüsse des Rio Negro
Größe (ausgewachsen)	4 cm
Geschlechtsunterschied	Das Männchen ist etwas kräftiger, sonst schwer zu unterscheiden.
Aquarienhaltung	Einfache Ansprüche an Wasser und Ernährung.
Wasserbeschaffenheit	Temperatur: 22–28° C pH: 5,3-7,8 dGH: bis 20°
Futter	TetraMin, TetraRubin, TabiMin, Tetra FD-Menü.
Wichtig zu wissen	Dieses Kleinod unter den Fischen steht an Beliebtheit dem „Neonsalmler" nicht nach, obwohl die Tiere wesentlich teurer sind. Eignet sich gut für das Gesellschaftsaquarium, wenn dieses nicht überbesetzt ist, vorteilhaft zusammen mit anderen Salmlern sowie Buntbarschen, insbesondere auch Skalaren. Die Art verlangt in der Pflege ihr Recht, liebt weiches, über Torf gefiltertes Wasser, hält aber auch in mittelhartem Wasser gut aus, ist dann aber nicht so farbenprächtig. Ein größerer Schwarm wirkt zauberhaft im schön bepflanzten Aquarium , besonders über dunklem Bodengrund. Während die Nachzucht bei vielen der aufgeführten Salmlerarten verhältnismäßig einfach ist, konnte der Rote Neon selbst von sehr erfahrenen Zierfischzüchtern kaum mit nennenswertem Erfolg nachgezüchtet werden. Alle die Millionen dieser herrlichen Fischchen, welche die Aquarien der Liebhaber bevölkern, sind sog. Wildfänge, werden also in ihren tief im Urwald gelegenen Heimatgewässern von berufsmäßigen Fängern gesammelt und in Kübeln per Boot in wochenlangen Reisen über die Amazonaszuflüsse zu den meist in Manaus gelegenen Auffangstationen der Exporteure gebracht, von wo aus sie per Luftfracht zu den Importeuren der einzelnen Länder gelangen. Von da aus geht ihr Weg über den Zierfisch-Großhandel zum Zoologischen Fachhändler, wo der Aquarianer sie dann neben vielen anderen Fischarten erwerben kann, meist viele Monate nach dem Fang. – Wen wundert es dann noch, wenn so ein Fischchen nicht ganz billig sein kann?!

Name	**Neonsalmler** *(Paracheirodon innesi)*
Heimat	Seitengewässer des Amazonasoberlaufes
Größe (ausgewachsen)	3 cm
Geschlechtsunterschied	Gering, Männchen ist etwas schlanker.
Aquarienhaltung	Einfache Ansprüche an Wasser und Ernährung.
Wasserbeschaffenheit	Temperatur: 20–26° C pH: 5,5-8,0 dGH: bis 30°
Futter	TetraMin, TabiMin, TetraTips, TetraRubin.
Wichtig zu wissen	Friedlicher und geselliger Schwarmfisch, welcher in gut bepflanzten Aquarien jeder Größe über dunklem Bodengrund bei nicht zu starker Beleuchtung besonders zur Geltung kommt. Ein größerer Schwarm mit anderen kleinen Salmlern zusammen gehalten, bietet ein prachtvolles Bild. Paßt nicht zu größeren, futterneidischen Fischarten. Das allbekannte Juwel unter den Fischen, in der Beliebtheit der Fische Nr. 1. Nicht besonders wärmebedürftig, auch sonst in der Pflege nicht anspruchsvoll, braucht aber regelmäßig mehrmals täglich kleine Futtergaben. Selbstverständliche Voraussetzung für Wohlbefinden und längere Lebensdauer ist reines, nitritfreies Wasser. Auch für Anfänger gut geeignet. Im Gegensatz zu dem Roten Neon ist diese Art verhältnismäßig leicht nachzuziehen. Als Zuchtpaare eignen sich junge, fast ausgewachsene Tiere, die man sich bei abwechslungsreicher Futterversorgung selbst bei einer Wassertemperatur von 21-23° C herangezogen hat. Der Ansatz eines Zuchtpaares erfolgt in ganz sauberem Vollglasbecken von ca. 30 cm Länge in sehr weichem (1-2° dH) und leicht saurem (pH um 6) Wasser bei ca. 24° C. Ein solches Zuchtwasser kann man sich durch Filterung über Torf aus Leitungswasser jeder Härte herstellen. Das Zuchtbecken muß bis zum Freischwimmen der Jungfische im Halbdunkel stehen; der Laich ist lichtempfindlich. Während der ersten Lebenstage brauchen die Jungfische feinstes Teichplankton, danach Artemia und feinst gesiebtes TetraRubin. – Mit diesem kurzen Hinweis soll das Interesse des Lesers geweckt werden, als Zuchtanleitung ist dies nicht ausreichend. Das Studium entsprechender Fachliteratur ist zu empfehlen.

Name	**Sternflecksalmler** (*Pristella maxillaris*)
Heimat	Nördliches Südamerika, Amazonas Nebenflüsse
Größe (ausgewachsen)	4 cm
Geschlechtsunterschied	Das Männchen ist schlanker, das durchscheinende Schwimmblasenende ist spitz auslaufend, beim Weibchen rund.
Aquarienhaltung	Einfache Ansprüche an Wasser und Ernährung.
Wasserbeschaffenheit	Temperatur: 22–28° C pH: 6,0-8,0 dGH: bis 35°
Futter	TetraMin, TetraRubin.
Wichtig zu wissen	Hübscher, zarter und anspruchsloser Schwarmfisch, der für das Gesellschafts- und Anfängeraquarium geeignet ist. Sehr schwimmfreudig, deshalb neben guter Bepflanzung für genügend Schwimmraum sorgen. Leider verliert die Art immer mehr an Beliebtheit. Man bevorzugt farbigere Fische. Nach TetraRubin-Fütterung werden die Flossen so rötlich wie bei Wildfängen.

Name	**Schrägschwimmer** (Thayeria boehlkei)
Heimat	Stromgebiet des Amazonas
Größe (ausgewachsen)	5 cm
Geschlechtsunterschied	Das Weibchen ist in der Laichzeit voller, sonst nicht zu unterscheiden.
Aquarienhaltung	Einfache Ansprüche an Wasser und Ernährung.
Wasserbeschaffenheit	Temperatur: 22–28° C pH: 5,8-7,5 dGH: bis 20°
Futter	TetraMin, TetraTips.
Wichtig zu wissen	Schöner und durch seine schräge und wippende Schwimmhaltung eigenartig-interessanter Schwarmfisch, der sich sehr gut für das mit nicht allzu großen Arten besetzte Gesellschaftsaquarium auch des Anfängers eignet. Belebt den oberen und mittleren Wasserbereich. Nicht anspruchsvoll an die Ernährung, aber recht nitritempfindlich. Liebt häufigeren Wasserwechsel (AquaSafe!).

Name	**Gabelbeilbauch** (oben) *(Carnegiella strigata fasciata)* **Gestreifter Beilbauch** (unten) *(Carnegiella strigata strigata)*
Heimat	Amazonas, Guayana
Größe (ausgewachsen)	4 cm
Geschlechtsunterschied	Nicht sichtbar.
Aquarienhaltung	Verlangt viel Fürsorge in Ernährung und Pflege.
Wasserbeschaffenheit	Temperatur: 24–28° C pH: 5,5-7,5 dGH: bis 20°
Futter	TetraMin, Tetra FD-Menü, Tetra Delica Rote Mückenlarven.
Wichtig zu wissen	Friedlicher Schwarmfisch, fast immer direkt unter der Oberfläche, gegen die Strömung stehend. Für Gesellschaftsaquarien nur mit anderen friedlichen und ruhigen Fischen geeignet. Springt gern! Liebt Schwimmpflanzendecke, aber braucht darin freie Stellen zur Nahrungsaufnahme. Leider etwas anfällig, nicht unbedingt für Anfänger geeignet. – Zucht schwierig, wenig darüber bekannt.

Name	**Silberbeilbauchfisch** *(Gasteropelecus sternicla)*
Heimat	Mittlerer Amazonas, Guayana
Größe (ausgewachsen)	6 cm
Geschlechtsunterschied	Nicht sichtbar.
Aquarienhaltung	Verlangt viel Fürsorge in Ernährung und Pflege.
Wasserbeschaffenheit	Temperatur: 24–28° C pH: 6,0-7,0 dGH: bis 15°
Futter	TetraMin, Tetra FD-Menü, Tetra Delica Rote Mückenlarven.
Wichtig zu wissen	Friedlicher Schwarmfisch, nahe der Oberfläche stehend, von wo auch das Futter am liebsten genommen wird. Für Gesellschaftsaquarium geeignet, springt gern („Fliegende Fische" des Süßwassers), deshalb Aquarium gut abdecken. – Zucht bisher nicht bekannt. Torffilterung anzuraten, liebt weiches Wasser. Sonst wie *Carnegiella strigata.*

Name	**Spritzsalmler** *(Copella arnoldi)*
Heimat	Stromgebiet des Amazonas und des Rio Para
Größe (ausgewachsen)	6 cm
Geschlechtsunterschied	Das Männchen ist prächtiger gefärbt, alle Flossen mehr spitz auslaufend.
Aquarienhaltung	Einfache Ansprüche an Wasser und Ernährung.
Wasserbeschaffenheit	Temperatur: 24–28° C pH: 6,5-7,5 dGH: 2-12°
Futter	TetraMin, Tetra FD-Menü, Artemia.
Wichtig zu wissen	Interessanter, friedlicher Fisch, welcher sich im Schwarm oder paarweise gut für das Gesellschaftsaquarium eignet. Keine besonderen Ansprüche an Futter und Wasser. Springt, daher Aquarium lückenlos abdecken. Hält sich am liebsten in der oberen Wasserregion unter Schwimmpflanzen auf. Laicht oberhalb des Wasserspiegels an überhängenden Pflanzenblättern oder an der Deckscheibe. Das Männchen übt Brutpflege, indem es die Eier durch Bespritzen feucht hält.

Name	**Schrägsteher, Bleistiftfisch** *(Nannobrycon eques)*
Heimat	Südamerika: Amazonas, Guayana
Größe (ausgewachsen)	4 cm
Geschlechtsunterschied	Bauchflossen des Männchens mit blauweißen Spitzen.
Aquarienhaltung	Verlangt viel Fürsorge in Ernährung und Pflege.
Wasserbeschaffenheit	Temperatur: 24–28° C pH: 5,5-7,0 dGH: bis 4°
Futter	TetraMin, Tetra FD-Menü zerkleinert, Artemia.
Wichtig zu wissen	Zarter wenig schwimmlustiger Fisch, der gern in lokkerem Schwarm in der oberen Wasserschicht unter Schwimmpflanzen steht. Liebt keine lebhafte Gesellschaft. Man hält ihn am besten mit den Ziersalmlern der Gattung *Nannostomus* zusammen. Benötigt Aufmerksamkeit bei der Fütterung, die Mundöffnung ist recht klein. Zucht schwierig, aber möglich.

73

Name	**Roter Ziersalmler** *(Nannostomus beckfordi)*
Heimat	Südamerika: Amazonas, Guayana, Rio Negro
Größe (ausgewachsen)	4 cm
Geschlechtsunterschied	Schwanzstiel des Männchens zart- bis blutrot, Weibchen mit schwachem roten Fleck in der Rückenflosse.
Aquarienhaltung	Nicht schwierig, aber Ernährungshinweise beachten.
Wasserbeschaffenheit	Temperatur: 24–28° C pH: 6,0-7,5 dGH: bis 20°
Futter	TetraMin, TetraRubin, Tetra FD-Menü, Artemia.
Wichtig zu wissen	Friedlicher, hübscher Schwarmfisch. Die zeitweilig lebhaften Fische benötigen Schwimmraum und lieben dennoch feinblättrige Pflanzendickichte. Zucht gut möglich, bei Torffilterung auch in mittelhartem Wasser (bis 12° dGH und pH um 7). Für sich bzw. mit kleinsten anderen Fischen zusammen gehalten, kommt es ohne Zutun zur Nachzucht.

Name	**Zwergziersalmler** *(Nannostomus marginatus)*
Heimat	Surinam
Größe (ausgewachsen)	2,5 cm
Geschlechtsunterschied	Männchen hinten mit abgerundeter Afterflosse, beim Weibchen spitz.
Aquarienhaltung	Verlangt viel Fürsorge in Ernährung und Pflege.
Wasserbeschaffenheit	Temperatur: 24–28° C pH: 5,8-7,5 dGH: bis 15°
Futter	TetraMin, Tetra FD-Menü (fein zerrieben), Artemia.
Wichtig zu wissen	Es fehlt, wie bei den anderen Schlanksalmlern die Fettflosse. Die Tierchen sind etwas gedrungener und noch wesentlich kleiner, auch ruhiger als der schlankere *Nannostomus beckfordi.* Pflege eines Schwarmes dieser entzückenden, ansprechend gefärbten Art ist auch in kleineren Aquarien ab 40 cm gut möglich, auch zusammen mit anderen sehr kleinen Arten. – Zucht möglich, aber sehr wenig ergiebig.

75

Name	**Dreibinden-Ziersalmler** *(Nannostomus trifasciatus)*
Heimat	Mittlerer Amazonas, Rio Negro, West Guayana
Größe (ausgewachsen)	4 cm
Geschlechtsunterschied	Weibchen mit leicht gewölbtem Bauch.
Aquarienhaltung	Verlangt viel Fürsorge in Ernährung und Pflege.
Wasserbeschaffenheit	Temperatur: 24–28° C pH: 5,5-7,0 dGH: bis 4°
Futter	TetraMin, Tetra FD-Menü, TetraRubin, Artemia.
Wichtig zu wissen	Pflege wie bei Zwergziersalmlern. Ist als die schönste Art dieser Gruppe anzusehen. Mit sehr kleiner Fettflosse. Gehört in das Spezialaquarium erfahrener Aquarianer bei liebevollster Fütterung. Zucht schwieriger als bei den anderen Arten. *rechts: Brasilianischer Salmlerbiotop (nördlicher Zufluß des Madeira)*

Gruppe 3

Familie Cichlidae
Buntbarsche

Die Buntbarsche sind artenreich in Süd- und Mittelamerika sowie in Afrika vertreten. In Asien sind nur 2
Arten beheimatet.

Die Pflege aller Arten von Cichliden ist für Anfänger
und Zierfischfachleute gleichermaßen verlockend und
unterhaltsam. Viele größer werdende Arten dieser Familie sind allerdings unverträglich und räuberisch, sie
wühlen stark und sind infolgedessen nur für unbe-
pflanzte Spezialaquarien geeignet. Diese Vertreter haben die Buntbarsche ganz allgemein etwas in Verruf
gebracht.

Dagegen findet sich aber unter den kleineren und mit-
telgroßen Arten eine erfreulich große Zahl nicht min-
der begehrenswerter Arten, die recht gut für das be-
pflanzte Gesellschaftsaquarium geeignet sind und die
in ihrem überaus interessanten Verhalten und der
Brutpflege durchaus den größeren Arten gleichzuset-
zen sind.

Vorwiegend diese Arten werden nachfolgend für die
Pflege empfohlen.

Cichliden leben gewöhnlich in „Ehe". Man erwirbt 4-6
Jungfische und läßt ein Paar sich finden, nur dieses
behält man.

Viele Arten benötigen Höhlen (z.B. Blumentöpfe oder
entsprechende Steinaufbauten) als Schutz- und Brut-
raum. Viele Cichliden sind Haftlaicher. Die Eier werden
vom Weibchen meist eng beieinander auf festen Un-
terlagen (Steinen oder steifen Blättern) abgelegt und
danach vom Männchen befruchtet.

Die Brutpflege wird intensiv von beiden Elterntieren
oder nur vom Männchen oder nur vom Weibchen aus-
geübt.

Besonders bemerkenswert sind die maulbrütenden
Arten, bei denen der vorher in Sandgruben abgelegte
und befruchtete Laich im Maul des Männchens oder
Weibchens bzw. beider reift und worin die Jungfische
noch längere Zeit nach dem Schlüpfen Schutz suchen
und die Nächte verbringen.

Bei den meisten Arten ist der Revieranspruch stark
ausgeprägt, daher sollte das Aquarium nicht zu klein
gewählt werden.

Die Ernährung ist allgemein einfach. Für viele Arten ist
Lebendfutter ganz entbehrlich, für andere – meist räu-
berische Arten – unentbehrlich.

Die Pflege von Cichliden ist interessant und unterhaltsam. Lesen Sie mehr darüber in den im gleichen Verlag erschienenen Cichlidenbüchern!

Das Studium und die Pflege der Buntbarsche sind Ge-
genstand der Deutschen Cichlidengesellschaft, in der
sich die Freunde dieser Fischart zusammengeschlossen haben (siehe Seite 203).

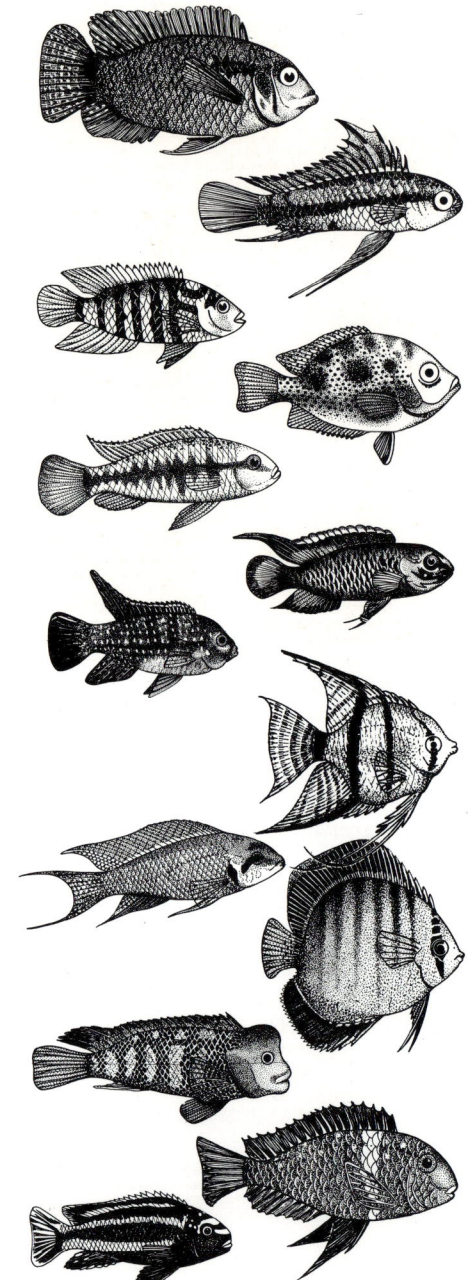

Typische Körperformen der
Fischgruppe 3

Name	**Tüpfelbuntbarsch** *(Aequidens curviceps)*
Heimat	Amazonasgebiet
Größe (ausgewachsen)	7 cm
Geschlechtsunterschied	Rücken- und Afterflosse beim Männchen länger und spitzer.
Aquarienhaltung	Einfache Ansprüche an Wasser und Ernährung.
Wasserbeschaffenheit	Temperatur: 23–28° C pH: um 7,0 dGH: bis 20°
Futter	TetraMin, TetraTips, TabiMin, TetraCichlid.
Wichtig zu wissen	Diese hübsche und kleinste Art der Gattung *Aequidens* mit einer Größe von weniger als 8 cm ist auch für das Gesellschaftsaquarium geeignet, da die Tiere kaum wühlen und die Pflanzen verschonen. Ist wenig scheu und wird zutraulich, frißt nach kurzem Bemühen des Pflegers das Futter aus der Hand. – Die Vielzahl blau-grüner Glanzpunkte auf Wangen und Flossen führte zu dem deutschen Namen.

Name	**Maroni-Buntbarsch** (Aequidens maronii)
Heimat	Guayana
Größe (ausgewachsen)	8 cm
Geschlechtsunterschied	Gering, beim Männchen ist die Rücken- und Afterflosse stärker ausgezogen als beim Weibchen.
Aquarienhaltung	Einfache Ansprüche an Wasser und Ernährung.
Wasserbeschaffenheit	Temperatur: 22–28° C pH: 6,0-8,0 dGH: bis 20°
Futter	TetraMin, TetraTips, TetraCichlid.
Wichtig zu wissen	Einer der friedlichsten und liebenswertesten Bunt-barsche. Paarweise Haltung empfehlenswert. Sogar mehrere Paare sind gut zu vergesellschaften, auch zusammen mit wesentlich kleineren Arten. Wühlt nicht und Pflanzen werden nicht beschädigt. Laicht in kleinen Sandgruben und übt länger währende Brutpflege. Die Jungtiere können monatelang bei den Elterntieren verbleiben.

Name	**Blaupunktbuntbarsch** *(Aequidens pulcher)*
Heimat	Südamerika: Magdalenenstrom bis Panama
Größe (ausgewachsen)	12 cm
Geschlechtsunterschied	Rücken- und Afterflosse beim älteren Männchen spitz ausgezogen.
Aquarienhaltung	Einfache Ansprüche an Wasser und Ernährung.
Wasserbeschaffenheit	Temperatur: 22–28° C pH: 6,5-8,0 dGH: bis 25°
Futter	TetraMin, TetraTips, TetraCichlid.
Wichtig zu wissen	Sehr empfehlenswerte, prächtige Art zur paarweisen Haltung, auch zur Vergesellschaftung mit anderen größeren Fischen. Wühlt nur wenig, daher Haltung in bepflanzten Aquarien möglich, evtl. Abdekken des Bodengrundes mit größeren Kieselsteinen. Starker Fresser. Die Ausscheidungen verunreinigen das Wasser schnell, daher ist häufiger Frischwasserzusatz Bedingung (AquaSafe). Schon mit 8 cm zuchtfähig. Laicht auf Steinen ab und übt sorgsame Brutpflege.

Name	**Thomas' Prachtbarsch** (Anomalochromis thomasi)
Heimat	Tropisches Westafrika, Sierra Leone
Größe (ausgewachsen)	6 cm
Geschlechtsunterschied	Gering, Weibchen etwas kleiner.
Aquarienhaltung	Einfache Ansprüche an Wasser und Ernährung.
Wasserbeschaffenheit	Temperatur: 22–28° C pH: um 6,5 dGH: 7-9°
Futter	TetraMin, TetraTips, TetraCichlid.
Wichtig zu wissen	Diese hübsche anpassungsfähige Art zeichnet sich durch Unempfindlichkeit und leichte Züchtbarkeit aus. Friedlich gegenüber Artgenossen und anderen Fischen. Von Pflanzen dicht umgebene Aufbauten aus Wurzeln oder Steinen und andere Versteckmöglichkeiten dienen der Zuflucht bei anfänglicher Scheuheit. Laicht auf Steinen. Aufzucht der Jungbrut zuerst mit Artemia, dann mit feingeriebenem TetraMin nicht schwierig.

Name	**Agassiz-Zwergbuntbarsch** *(Apistogramma agassizii)*
Heimat	Stromgebiet des Amazonas
Größe (ausgewachsen)	7 cm
Geschlechtsunterschied	Das Weibchen ist kleiner, mittlere Strahlen der Schwanzflosse beim Männchen verlängert.
Aquarienhaltung	Verlangt viel Fürsorge in Ernährung und Pflege.
Wasserbeschaffenheit	Temperatur: 22–28° C pH: 6,0-6,5 dGH: 5-10°
Futter	TetraMin, TetraTips, Tetra FD-Menü, Tetra Delica Rote Mückenlarven, Lebendfutter.
Wichtig zu wissen	Die *Apistogramma*-Arten sind bezüglich Wasserbeschaffenheit und Futter wesentlich anspruchsvoller als die vorgenannten *Aequidens*- und die folgenden *Cichlasoma*-Arten. Diese Art ist von allen verhältnismäßig leicht zu pflegen, braucht aber auch ziemlich weiches, kristallklares, nitritarmes Wasser, also häufiger Frischwasserzusatz (AquaSafe). Zum Ablaichen werden Höhlen bevorzugt. Brutpflege wird vom Weibchen übernommen.

Name	**Gelber Zwergbuntbarsch** (*Apistogramma borellii*)
Heimat	Mittleres Stromgebiet des Rio Paraguay
Größe (ausgewachsen)	7 cm
Geschlechtsunterschied	Das Weibchen ist kleiner, intensiver gelb und dunkler gefärbt.
Aquarienhaltung	Nicht schwierig, aber Ernährungshinweise beachten.
Wasserbeschaffenheit	Temperatur: 22–28° C pH: 6,0-6,5 dGH: 5-10°
Futter	TetraMin, TetraTips, Tetra FD-Menü, Lebendfutter.
Wichtig zu wissen	Friedliche und ziemlich anspruchslose Art. Gut mit anderen Fischen zu vergesellschaften. Verhältnismäßig kleine Aquarien sind ausreichend. Die Art ist gut für Verhaltensbeobachtungen geeignet. Laicht bevorzugt in Höhlen ab. Zeichnet sich durch besondere Variabilität der Körperzeichnung aus.

Name	**Kakadu-Zwergbarsch** *(Apistogramma cacatuoides)*
Heimat	Amazonasbecken
Größe (ausgewachsen)	9 cm
Geschlechtsunterschied	Männchen ist größer als das Weibchen. Beim Männchen stark ausgezogene Flossen. Beim Weibchen sind diese kürzer. Das Weibchen ist zur Laichzeit gelb gefärbt.
Aquarienhaltung	Verlangt viel Fürsorge in Ernährung und Pflege.
Wasserbeschaffenheit	Temperatur: 24–26° C pH: 6,5-7,2 dGH: 4-15°
Futter	Tetra FD-Menü, Tetra Delica Rote Mückenlarven, TetraRubin, Lebendfutter.
Wichtig zu wissen	Dieser farbenprächtige Zwergbuntbarsch kommt in verschiedenen Farbvarianten vor. Zur Zucht wird ein Männchen mit 4-5 Weibchen angesetzt. Die Eier werden in einer Höhle (Blumentopf o.ä.) abgelegt. Die Jungen werden von mehreren Weibchen bewacht und mit Artemia aufgezogen. Die Art ist empfindlich gegen Medikamente und Wasserverschmutzung. Wasserwechsel nur mit AquaSafe!

85

Name	**Baensch's Malawibuntbarsch, „Yellow Regal"** *(Aulonocara baenschi)*
Heimat	Malawisee (Ostafrika)
Größe (ausgewachsen)	8-12 cm
Geschlechtsunterschied	Männchen wesentlich prächtiger blaugelb gefärbt als die grau-braun gebänderten Weibchen.
Aquarienhaltung	Einfache Ansprüche an Wasser und Ernährung.
Wasserbeschaffenheit	Temperatur: 22–26° C pH: 7-8,2 dGH: 12-30°
Futter	TetraMin, TetraCichlid, Tetra Delica Rote Mückenlarven, Jungtiere Artemia, TetraMikroMin
Wichtig zu wissen	Ein Paar ist für die Haltung im Gesellschaftsaquarium ab 100 cm Länge geeignet. Besser ist jedoch ein Artaquarium mit 2-3 Höhlen als Unterschlupf. Nicht mit anderen *Aulonocara*- Arten zusammen pflegen, da es sonst zu unerwünschten Kreuzungen kommen kann. Ausgewachsene Männchen sind revierverteidigend gegenüber Artgleichen. Auch lassen sie die Weibchen nicht immer „ungerupft". Anderen Arten – auch kleinen – gegenüber sind diese Cichliden friedlich. Von der Art sind bisher vier verschiedene Farbformen bekann, von denen die „Marleriform" die wohl hübscheste mit orangefarbener Schwanzflosse der Männchen ist.

Name	**Feuermaulbuntbarsch** *(Cichlasoma meeki)*
Heimat	Guatemala, Südmexiko
Größe (ausgewachsen)	12 cm
Geschlechtsunterschied	Das Männchen ist intensiver gefärbt, Rücken- und Afterflosse länger ausgezogen.
Aquarienhaltung	Einfache Ansprüche an Wasser und Ernährung.
Wasserbeschaffenheit	Temperatur: 22–28° C pH: um 7,0 dGH: bis 10°
Futter	TetraMin, TetraTips, TetraCichlid.
Wichtig zu wissen	Eine bizarre und farbenfreudige, dabei anspruchs- lose Cichlidenart. Verhältnismäßig friedlich. Wühlt nur wenig, gut angewurzelte, harte Pflanzen werden nicht beschädigt. Bringt Abwechslung in das Ge- sellschaftsaquarium. Zucht nicht schwierig. Wäh- rend der Laichzeit ist das Männchen besonders schön. Durch drohendes Aufstellen der Kiemendek- kel werden Störenfriede dem Gelege und der Jung- brut ferngehalten. Für Höhlen und Versteckplätze im Aquarium sorgen.

Name	**Augenfleckbuntbarsch** *(Heros severus)*
Heimat	Nördliches Amazonasgebiet, Guayana
Größe (ausgewachsen)	15 cm
Geschlechtsunterschied	Spitz auslaufende Flossen beim Männchen, auch mit ausgeprägter Kopfzeichnung.
Aquarienhaltung	Einfache Ansprüche an Wasser und Ernährung.
Wasserbeschaffenheit	Temperatur: 22–28° C pH: 6,0-6,5 dGH: um 5°
Futter	TetraMin, TetraTips, Tetra FD-Menü, TetraCichlid.
Wichtig zu wissen	Sehr dekorative anspruchslose, früher sehr beliebte Art. Als Jungfisch und außerhalb der Laichzeit friedlich und gut mit anderen auch kleineren Fischen zu vergesellschaften. Jungtiere werden aufgrund ihrer Ähnlichkeit in der Form gern als „Diskus des kleinen Mannes" bezeichnet. Farblich nicht auffällig, wird aber sehr zutraulich und frißt aus der Hand. Zuchtreife Tiere am besten allein in unbepflanzten Aquarien unterbringen, sonst werden sie unfriedlich und wühlen stark. Jungfische werden mehrfach in angelegte Gruben umgebettet und lange betreut.

Name	**Gelber Schlankcichlide** (*Julidochromis ornatus*)
Heimat	Tanganjikasee
Größe (ausgewachsen)	7 cm
Geschlechtsunterschied	Nur an der Genitalpapille bei fortpflanzungs-willigen Tieren zu erkennen.
Aquarienhaltung	Nur für erfahrene Aquarianer empfehlenswert, be-sondere Ansprüche der Wasserbeschaffenheit und Ernährung.
Wasserbeschaffenheit	Temperatur: 24–28° C pH: 8,0-9,0 dGH: 11-20°
Futter	TetraMin, TetraTips, TetraCichlid.
Wichtig zu wissen	Im Tanganjikasee sind fünf *Julidochromis*-Arten beheimatet. Diese hübschen, im Aquarium nicht besonders groß werdenden Arten benötigen zur Revierbildung und zur Fortpflanzung passend große Höhlen. Auch wenn nur ein Paar der Art gepflegt wird, sollten mehrere Höhlen als Versteck- bzw. Brutplätze zur Verfügung stehen. Bei Vergesell-schaftung mit anderen Afrika-Cichliden, die gut möglich ist, sollte das Aquarium nicht unter 100 cm lang sein, sonst genügt auch ein kleineres. Nach-zucht ist bei richtiger Pflege leicht zu erzielen.

Name	**Wangenstrich-Schneckenbuntbarsch** *(Lamprologus brevis)*
Heimat	Tanganjikasee
Größe (ausgewachsen)	6 cm
Geschlechtsunterschied	Männchen ist größer und hat einen orange-farbenen Saum an der Rückenflosse. Beim Weib-chen fehlt dieser. Jungtiere sind kaum zu unterscheiden
Aquarienhaltung	Nicht schwierig, aber Ernährungshinweise beachten.
Wasserbeschaffenheit	Temperatur: 23–26° C pH: 7,0-8,0 dGH: 15-30°
Futter	Gefrorene Rote Mückenlarven, Tetra FD-Menü, Artemia und 2-3 mal wöchentlich anderes Lebend- oder Frostfutter.
Wichtig zu wissen	Diese beliebte Schneckenbarschart hat schnell die Herzen der Aquarianer erobert, obwohl sie nicht ganz leicht zu pflegen ist. Das Aquarium benötigt einige freie Sandflächen, auf die lose ein paar Schneckenhäuser der Weinbergschnecke (aus jedem Delikatessgeschäft) gelegt werden. Die Häuschen werden kunstgerecht „vergraben", so daß nur die Öffnung sichtbar ist. Bei vermeintlicher Gefahr verschwinden die Schneckenbar-sche blitzschnell in ihrem Haus. Dort werden auch die Eier abgelegt. Das Weibchen bewacht die Eier und später auch die Jungtiere. Diese sind mit Artemia und MikroMin leicht aufzuziehen.

Name	**Gabelschwanz-Tanganjikabarsch, Feenbarsch** *(Lamprologus brichardi)*
Heimat	Tanganjikasee
Größe (ausgewachsen)	10 cm
Geschlechtsunterschied	Das Weibchen hat eine schwächere Beflossung.
Aquarienhaltung	Nur für erfahrene Aquarianer empfehlenswert. Keine Ansprüche an Wasser und Ernährung.
Wasserbeschaffenheit	Temperatur: 22–28° C pH: 7,5-8,5 dGH: 10-20°
Futter	TetraMin, TetraTips, TetraCichlid, Tetra FD Menü.
Wichtig zu wissen	Ein hübscher Anfängerfisch, der durch seine Vermehrungsfreude und -erfolge dem Pfleger viel Spaß macht. Die Art ist Höhlenbrüter und zeigt ein ähnliches Brutpflegeverhalten wie die *Julidochromis*-Arten, beide Elterntiere pflegen. Die Pflege ist aber wenig intensiv. Ältere Männchen können streitlustig werden. Das Aquarium ist mit Höhlen verschiedener Größe und Form zu gestalten. Die Elterntiere lassen auch die älter gewordenen Jungtiere unbehelligt und schreiten wiederholt zur Brut, ohne daß die Jungfische abgesondert werden müssen. Man nennt das Etagenzucht; Jungfische mehrerer Altersgruppen wachsen nebeneinander auf.

91

Cichlidenbiotop nördlich der Stadt Santa Cruz (Bolivien)

Name	**Flaggenbuntbarsch** *(Mesonauta festiva)*
Heimat	Stromgebiet des Amazonas
Größe (ausgewachsen)	12 cm
Geschlechtsunterschied	Geschlechter außerhalb der Laichzeit kaum zu unterscheiden.
Aquarienhaltung	Einfache Ansprüche an Wasser und Ernährung.
Wasserbeschaffenheit	Temperatur: 24–28° C pH: 6,5-7,5 dGH: 5°-15°
Futter	TetraMin, TetraPhyll, Tetra FD-Menü, TetraCichlid.
Wichtig zu wissen	Diese recht schöne und dekorative Art gehört in geräumige Aquarien mit guter Bepflanzung und zusätzlichen Versteckplätzen aus Steinen und Wurzeln, weil die scheuen Fische recht schreckhaft sind. Am besten mit den ebenso ruhigen Segelflossern zu vergesellschaften, mit denen die Art auch in der Heimat zusammen vorkommt. Sehr sauerstoffbedürftig und empfindlich gegen Nitrit und Wasserverunreinigungen. Laicht auf Steinen oder starren Pflanzenblättern. Beide Partner pflegen Laich und Brut.

Name	**Glänzénder Zwergbuntbarsch** *(Nannacara anomala)*
Heimat	West-Guayana
Größe (ausgewachsen)	6 cm
Geschlechtsunterschied	Das Männchen ist größer und intensiver gefärbt.
Aquarienhaltung	Einfache Ansprüche an Wasser und Ernährung.
Wasserbeschaffenheit	Temperatur: 22–28° C pH: 6,2-6,5 dGH: um 10°
Futter	TetraMin, Tetra FD-Menü, Tetra Delica Rote Mückenlarven.
Wichtig zu wissen	Anspruchsloser, schöner und empfehlenswerter Zwergcichlide. Färbung und Zeichnung wechseln innerhalb Minuten je nach Stimmung. Wühlt nicht, friedlich. Gut für bepflanzte Gesellschaftsaquarien geeignet. Interessant für Verhaltensstudien. Laicht in Höhlen (Blumentopf). Das Weibchen treibt intensive Brutpflege und hält selbst weit größere Fische von Laich und Brut zurück. Zucht nicht schwierig, wenn passendes Paar vorhanden.

Name	**Schmetterlingsbuntbarsch** *(Papiliochromis ramirezi)*
Heimat	Westzuflüsse des mittleren Orinoko
Größe (ausgewachsen)	5 cm
Geschlechtsunterschied	Zweiter Flossenstrahl der Rückenflosse beim Männchen stark verlängert.
Aquarienhaltung	Verlangt viel Fürsorge in Ernährung und Pflege.
Wasserbeschaffenheit	Temperatur: 24–28° C pH: um 7,0 dGH: bis 10°
Futter	TetraMin, TetraTips, Tetra FD-Menü; jüngere Tiere: Artemia.
Wichtig zu wissen	Sicher der schönste und beliebteste Zwergcichlide. Verträgt auch härteres Wasser, ist aber besonders empfindlich gegen Sauerstoffmangel und Nitrit, daher überdimensionaler Schaumstoff-Filter und häufige Filterreinigung sowie Frischwasserzusatz angeraten (AquaSafe). Verlangt aufmerksame Fütterung. Laicht auf Steinen oder mitunter in Sandgruben. Beide Partner wechseln sich in der Brutpflege ab.

95

Name	**Purpurprachtbarsch** *(Pelvicachromis pulcher)*
Heimat	Tropisches Westafrika, Nigerdelta
Größe (ausgewachsen)	8 cm
Geschlechtsunterschied	Das Männchen ist größer und schlanker, das Weibchen ist intensiver gefärbt.
Aquarienhaltung	Einfache Ansprüche an Wasser und Ernährung.
Wasserbeschaffenheit	Temperatur: 22–28° C pH: um 6,5 dGH: 8-12°
Futter	TetraMin, TetraRubin
Wichtig zu wissen	Friedlich, gut für das Gesellschaftsaquarium geeignet. Das Aquarium sollte gut bepflanzt und mit Versteckmöglichkeiten (Blumentopf, halbe Kokosnußschalen) versehen sein. Empfindlich gegen Wasserverunreinigung, besonders gegen Nitrit. Regelmäßiger teilweiser Wasserwechsel (AquaSafe) ratsam. Zucht ist nicht sehr schwierig. Üben einige Wochen Brutpflege.

Name	**Smaragd-Prachtbarsch** *(Pelvicachromis taeniatus)*
Heimat	Nigergebiet, Westafrika
Größe (ausgewachsen)	7 cm
Geschlechtsunterschied	Das Weibchen ist intensiver gefärbt.
Aquarienhaltung	Einfache Ansprüche an Wasser und Ernährung.
Wasserbeschaffenheit	Temperatur: 22–28° C pH: 6,2-6,8 dGH: 5-10°
Futter	TetraMin
Wichtig zu wissen	Prächtig gefärbte, entzückende Art. Anspruchslos und friedlich. Im kleineren Gesellschaftsaquarium möglichst nur ein Pärchen halten. Fühlt sich in bepflanzten Aquarien mit Höhlen und verschiedenen Versteckmöglichkeiten besonders wohl – Zucht nicht schwierig, jedoch von passenden Paaren abhängig. Laicht in Höhlen.

97

Name	**Kleiner Maulbrüter** (*Pseudocrenilabrus multicolor*)
Heimat	Ostafrika, Nil
Größe (ausgewachsen)	6 cm
Geschlechtsunterschied	Weibchen wesentlich blasser gefärbt, Afterflosse ohne Rot.
Aquarienhaltung	Einfache Ansprüche an Wasser und Ernährung.
Wasserbeschaffenheit	Temperatur: 20–26° C pH: 6,8-8,2 dGH: bis 25°
Futter	TetraMin, TetraTips, TetraCichlid.
Wichtig zu wissen	Interessante Art für biologische Studien. Friedlich und anspruchslos. Gut für das Gesellschaftsaquarium geeignet. Man biete den Tieren gut bepflanzte Aquarien mit Versteckmöglichkeiten. Zuchtpaare sollten sich aus mehreren Jungfischen finden. Männchen treibt das Weibchen sehr stark. Die vom Weibchen in Gruben abgelegten Eier werden vom Männchen besamt und danach vom Weibchen ins Maul aufgenommen. Bis die Jungfische nach etwa zehn Tagen schlüpfen, frißt das Weibchen nicht. Die Jungfische finden noch wochenlang Zuflucht im Maul des Muttertiers.

Die Nkamba Bay im Süden des Tanganjikasees. Hier wurden Buntbarsche aus den Gattungen Chalinochromis, Eretmodus, Julidochromis, Lamprologus und Tropheus gefunden.

Name	**Wanderbuntbarsch** *(Lamprologus compressiceps)*
Heimat	Tanganjikasee
Größe (ausgewachsen)	15 cm
Geschlechtsunterschied	Die Geschlechter sind schwer unterscheidbar.
Aquarienhaltung	Nicht schwierig, aber Ernährungshinweise beachten.
Wasserbeschaffenheit	Temperatur: 23–26° C pH: 7,0-8,0 dGH: 10-25°
Futter	Jungtiere nehmen Flockenfutter, Alttiere sollten Frostfutter, TetraTips und gelegentlich kräftiges Lebendfutter erhalten.
Wichtig zu wissen	Die Art ist ein Räuber und gehört in kein „normales" Gesellschaftsaquarium. Der zusammengedrückte Körper gestattet es den Tieren ihre Nahrung in engen Felsspalten zu erbeuten. Das sind Jungfische und Krebstiere (Garnelen). Gegenüber größeren Fischen ab 6 cm Länge ist die Art friedlich. Zur Zucht braucht ein Paar eine Höhle. Die Eier und später die Jungtiere werden vom Weibchen bewacht. Die Tiere wühlen nicht und lassen auch Pflanzen unbehelligt.

Name	**Langgestreckter Tanganjika-Goldcichlide** *(Lamprologus leleupi longior)*
Heimat	Tanganjikasee
Größe (ausgewachsen)	10 cm
Geschlechtsunterschied	Männchen größer mit spitzen Flossen. Beim Weibchen sind diese gerundeter.
Aquarienhaltung	Nicht schwierig, aber Ernährungshinweise beachten.
Wasserbeschaffenheit	Temperatur: 24–26° C pH: 7,5-8,5 dGH: 15-35°
Futter	Gefrostete oder gefriergetrocknete Rote Mückenlarven, TetraMin, ab und zu Lebendfutter.
Wichtig zu wissen	Diese recht friedliche Art wühlt nicht und verschont Pflanzen. Trotzdem sollte nur der Aquariumrand bepflanzt werden. Wichtiger als Pflanzen sind für die Fische Steinaufhäufungen und Höhlen. Die Männchen bilden Reviere und verteidigen diese sowohl gegen andere Männchen als auch gegen überzählige Weibchen. Auf ein 100-Liter-Aquarium sollten höchstens 2 Paare kommen. Die Eiablage erfolgt in einer Höhle. Nach 3 Tagen werden die frischgeschlüpften Larven in eine Grube vor der Höhle gebettet und vom Weibchen bewacht. Aufzucht mit Artemia und anderem feinem Lebendfutter, sowie MikroMin.

Name	**Türkisgoldbarsch** *(Melanochromis auratus)*
Heimat	Malawisee
Größe (ausgewachsen)	10 cm
Geschlechtsunterschied	Das Männchen hat eine tiefschwarze Bauchpartie, beim Weibchen ist diese gelb.
Aquarienhaltung	Einfache Ansprüche an Wasser und Ernährung.
Wasserbeschaffenheit	Temperatur: 22–28° C pH: 7,0-8,5 dGH: 15-30°
Futter	TetraMin, TetraPhyll, TetraCichlid.
Wichtig zu wissen	Diese schöne Art ist, wie fast alle Malawi-Cichliden, nur etwas für Spezialisten. Man sollte diesen Fischen ein besonderes Aquarium einrichten, das bis zur Wasserlinie mit höhlenreichen Steinaufbauten versehen ist. Dann lassen sich sogar die verschiedenen Arten gemeinsam halten. Alle Arten bevorzugen hartes Wasser. Maulbrüter.

Name	**Schmalbarsch** *(Pseudotropheus elongatus)*
Heimat	Malawisee
Größe (ausgewachsen)	10 cm
Geschlechtsunterschied	Weniger ausgeprägt als bei den beiden vorge-nannten Arten. Das Männchen zeigt die sog. Eiflecken in der Afterflosse.
Aquarienhaltung	Nur für erfahrene Aquarianer empfehlenswert, keine besonderen Ansprüche an Wasserbeschaffenheit und Ernährung.
Wasserbeschaffenheit	Temperatur: 22–28° C pH: um 8,5 dGH: 10-18°
Futter	TetraMin, TetraTips, TetraCichlid.
Wichtig zu wissen	Diese Art wird von Dr. STAECK in seinem großen Cichlidenbuch als das Musterbeispiel der sog. Mut-terfamilie dargestellt. Das Männchen findet sich mit dem Weibchen erst kurz vor dem Laich- und Befruchtungsvorgang zusammen. Nach erfolgter Befruchtung sondert sich das Männchen wieder ab, nimmt also im Gegensatz zur sog. Eltern- bzw. Mann-Mutter-Familie an der Brutpflege nicht teil.

Name	**Blauer Zebramaulbrüter** (*Pseudotropheus zebra*)
Heimat	Malawisee
Größe (ausgewachsen)	10 cm
Geschlechtsunterschied	Siehe unten.
Aquarienhaltung	Nur für erfahrene Aquarianer empfehlenswert, keine besonderen Ansprüche an Wasserbeschaffenheit und Ernährung.
Wasserbeschaffenheit	Temperatur: 22–28° C pH: 7,5-8,8 dGH: 10-18°
Futter	TetraMin, TetraTips, TetraCichlid.
Wichtig zu wissen	Diese Art ist in der Färbung überaus variabel. Dabei ist nicht sicher, ob es sich um versch. Rassen, standortbedingte Populationen od. um Morphen handelt. Die Männchen sind dunkel- bis weißgrau gefärbt u. zeigen auf der Afterflosse bis zu sechs orangegelbe sog. Eiflecken. Die Weibchen sind ähnlich aber mehr graublau, vielfach findet man auch gescheckte. – Es wurden sogar Zwergformen eingeführt, die mit 6 cm bereits geschlechtsreif sind, ebenso laufen rotgelbe Tiere unter diesem Namen. Alle sind auf das Abweiden v. Algen- u. Aufwuchsrasen spezialisiert. Besonderer Maul- und Zahnbau befähigt sie dazu.

Name	**Orangeblauer Maulbrüter** *(Pseudotropheus „zebra")*
Heimat	Malawisee
Größe (ausgewachsen)	10 cm
Geschlechtsunterschied	Siehe unten.
Aquarienhaltung	Einfache Ansprüche an Wasser und Ernährung.
Wasserbeschaffenheit	Temperatur: 22–28° C pH: 7,5-8,5 dGH: 10-28°
Futter	TetraMin, TetraTips, TetraCichlid.
Wichtig zu wissen	Diese als „Roter Zebra" bezeichnete Form ist noch nicht eindeutig wissenschaftlich einzuordnen. Sehr einfach zu pflegende Art. Das Männchen in der Regel blau, seltener rot oder rosa; das Weibchen rotgelb, zuweilen rot-schwarz gescheckt, sehr selten ganz weiß. Die Art pflanzt sich auch noch nach mehreren Jahren problemlos im Aquarium fort. Gleichgroße Männchen bekämpfen sich und müssen getrennt werden.

Marmorskalar

Name	**Segelflosser oder Skalare** *(Pterophyllum scalare)*
Heimat	Stromgebiet mittlerer Amazonas, Guayana
Größe (ausgewachsen)	bis zu 12 cm, Höhe bis 20 cm
Geschlechtsunterschied	Gering. Vor und während des Laichaktes After (Genitalpapille) des Weibchens stumpfer.
Aquarienhaltung	Einfache Ansprüche an Wasser und Ernährung.
Wasserbeschaffenheit	Temperatur: 24–28° C pH: 5,8-7,5 dGH: 4-18°
Futter	TetraMin, Tetra FD-Menü, Frost-Futter, Tetra Cichlid.
Wichtig zu wissen	Einer der beliebtesten Aquarienfische. Alttiere vermitteln in Haltung und Bewegung einen majestätischen Eindruck. Friedlich und verhältnismäßig anspruchslos. Kann gut in größeren, bepflanzten Gesellschaftsaquarien mit ruhigen Fischarten zusammen gepflegt werden. Empfindlich gegenüber unreinem Wasser (Nitrit), dann faulen die Flossenspitzen ab. – Das Weibchen heftet die Eier auf ein steifes, breites Pflanzenblatt, wo das Männchen sie nachfolgend besamt. Zur künstlichen Aufzucht bringt man das Blatt mit dem Gelege in ein Vollglasbecken mit dem gleichen Wasser (ohne Sand) und sorgt für starke Durchlüftung sowie 26-28° C Wärme. Man kann aber die Pflege auch den Eltern überlassen, das bedeutet zwar ein gewisses Risiko, da das Gelege evtl. gefressen wird. Es gibt heute eine ganze Reihe von Zuchtformen wie den Schwarzen Scalar oder den Schleierscalar und Rauchschleierscalar, die stark verlängerte, herabhängende Flossen haben. Manche Zuchtformen sind wärmebedürftiger als die Stammform; auch anfälliger gegenüber Altwasser (Nitrit) und Chemikalien. In geräumigen, hohen Aquarien (ab 45 cm Höhe) kommen die Fische besonders zur Geltung. Sie sollten nur mit ruhigen Arten vergesellschaftet werden. Die jüngste Zuchtform ist der Marmorskalar: eine seltene, begehrenswerte Kostbarkeit.

Skalar

Schleierskalar

Schwarzer Skalar

Goldskalar

Name	**Buckelkopf-Cichlide** (*Steatocranus casuarius*)
Heimat	Unterlauf des Kongo
Größe (ausgewachsen)	8 cm
Geschlechtsunterschied	Stirnwulst beim Männchen wesentlich größer.
Aquarienhaltung	Nicht schwierig, aber Ernährungshinweise beachten.
Wasserbeschaffenheit	Temperatur: 22–28° C pH: 6,5-7,0 dGH: 15-17°
Futter	TetraMin, TetraPhyll, TetraTips werden vom Weibchen zerkleinert für die Aufzucht der Brut, TetraCichlid.
Wichtig zu wissen	Harmloser, recht bizarrer Fisch, der es gut in jedem mit Höhlen versehenen Aquarium aushält. Die Buckelköpfe schauen oft stundenlang aus ihren Höhlen heraus und warten auf Futter, um blitzschnell damit wieder darin zu verschwinden. Am besten paarweise zu halten. Höhlenbrüter! Nachzucht nicht schwierig.

Name	**Diskusfische** *(Symphysodon-Arten)*
Heimat	Alle vier Arten bzw. Unterarten sind in verschiedenen Bereichen des Amazonasgebietes beheimatet, im Amazonenstrom selbst und verschiedenen Nebenflüssen.
Größe (ausgewachsen)	12 cm
Geschlechtsunterschied	Nur vor dem Laichakt erkennbar.
Aquarienhaltung	Nur für erfahrene Aquarianer empfehlenswert, besondere Ansprüche der Wasserbeschaffenheit und Ernährung.
Wasserbeschaffenheit	Temperatur: 24–30° C pH: um 6,5 dGH: 2-3°
Futter	TetraMin, TetraTips, Tetra FD-Menü, alles individuell verschieden, Lebendfutter bzw. FD-Futter unerläßlich.
Wichtig zu wissen	Diskusfische gelten als Könige unter den Zierfischen. Es sind ruhige, stolze, eindrucksvolle und begehrenswerte Fische. Leider aber auch nur für Könige unter den Aquarianern. Es braucht einige Voraussetzungen, um ein erfolgreicher Diskuspfleger oder gar -züchter zu werden. Große Aquarien, bestes, sehr weiches Wasser, Geld zur Anschaffung der Tiere, ständig abwechslungsreiches Lebendfutter, viel Zeit zur liebevollen Versorgung und oft teuer erkaufte Erfahrung. Die Wildfänge sind wesentlich empfindlicher als die Tiere aus der Nachzucht. Glücklicherweise fanden sich Spezialisten aus Zierfischzüchterkreisen, denen es gelang, größere Mengen junger Diskusfische zu züchten und in den Handel zu bringen. Solche Tiere gedeihen ohne weiteres gut bei ausschließlicher Versorgung mit Tetra-Futterspezialitäten, die oben aufgeführt sind. Für eine erfolgreiche Haltung oder gar Zuchtversuche muß das Aquarium groß sein, mindestens 100 cm lang und 40 cm hoch, besser noch größer. Einige Versteckmöglichkeiten unter starken Pflanzen oder Wurzelholz oder in entsprechend sehr großen Blumentöpfen mit Öffnungen, die das bequeme Ein- und Ausschwimmen ermöglichen, sind nötig; ebenso eine teilweise Abdeckung der Wasseroberfläche durch Pflanzenblätter bzw. Schwimmpflanzen, weil die Tiere grelles Licht scheuen. Das Wasser muß – besonders für Zuchtversuche – sehr weich und schwach sauer sein (1-3° dH und 6-6,5 pH). Nitrit wirkt bereits in Spuren schädlich, und ein stetig äußerst geringer Nitratgehalt scheint der Schlüssel für den Erfolg bei Pflege und Zucht zu sein. Die Vermehrungsbiologie der Diskusfische ist interessant. Die Jungfische ernähren sich während der ersten Lebenswoche ausschließlich von einem Sekret, welches beide Elternteile bei entsprechender Ernährung auf der Haut bilden und welches die Jungtiere abzupfen. Dies ist selten bei Fischen. Jede andere Aufzuchtmethode versagt. Für Zuchtversuche erwirbt man am besten 4-6 Jungtiere, versorgt diese aufs allerbeste bis zur Geschlechtsreife und läßt das oder die Pärchen sich finden. In genügend großen Becken können mehrere Pärchen gehalten werden. Ein späteres Umpaaren ist kaum möglich.

Blauer Diskus
(Symphysodon aequidens haraldi)

Grüner Diskus
(Symphysodon aequifasciata aquifasciata)

Gelbbrauner Diskus (Symphysodon aequifasciata axelrodi)

Name	**Weißpunkt-Brabantbuntbarsch** *(Tropheus duboisi)*
Heimat	Tanganjikasee – im tiefen Bereich
Größe (ausgewachsen)	8 cm
Geschlechtsunterschied	Nicht bekannt.
Aquarienhaltung	Nur für erfahrene Aquarianer empfehlenswert, keine besonderen Ansprüche an Wasserbeschaffenheit und Ernährung.
Wasserbeschaffenheit	Temperatur: 22–26° C pH: 7,5-8,5 dGH: 10-25°
Futter	TetraMin, TetraTips, TetraCichlid.
Wichtig zu wissen	Im Gegensatz zum Blauen Zebramaulbrüter aus dem Malawisee, der häufig vorkommt, ist diese Art nur stellenweise und nicht häufig zu finden. Die Tiere leben nur als Jungfische in Gruppen sonst einzeln oder paarweise. Die Nachzucht ist jedoch nicht schwierig. Die mit 1,5 cm Länge aus dem Ei schlüpfenden Jungfische zeigen auf dunklem Körpergrund eine Vielzahl weißblauer Punkte und erinnern dabei mehr an tropische Meeres- als an Süßwasserfische.

Gruppe 4

Unterordnung Cyprinoidei
Karpfenähnlich
(meist Barben und Bärblinge)

Diese in Asien, Afrika, Europa und Nordamerika weit-
verbreitete Gruppe umfaßt eine Vielzahl von beliebten
und schönen Aquarienfischen, die fast ausnahmslos
anspruchslos und friedlich und damit für Gesellschaftsaquarien geeignet sind. Einige Arten sind Detri-
tus-Fresser*) und gründeln. Sie suchen unermüdlich
den Boden nach Freßbarem ab. Dabei wird viel Mulm
aufgewirbelt, was sich nachteilig auf feinfiedrige
Pflanzen durch die sich auf ihnen absetzenden
Schwebstoffe auswirken kann. Für solche Fischarten,
die als „Gründler" bezeichnet sind, werden besonders
Cryptocorynen u.a. groß- und glattblättrige Pflanzen
zur Bepflanzung empfohlen. Ein leistungsfähiger Filter, der die aufgewirbelten Schwebestoffe aufnimmt,
läßt aber trotzdem die Haltung solcher sehr nützlichen
Detritusfresser in beschränkter Anzahl im Gesellschaftsaquarium zu, auch wenn feinfiedrige Pflanzen
vorhanden sind.
Manche Arten sind flinke Schwarmfische, die die oberen und mittleren Wasserschichten bevölkern, wobei
sie das Futter von der Oberfläche und bevorzugt im
Absinken aufnehmen. Solche Arten brauchen Platz
zum Ausschwimmen. Das vordere Drittel des Aquariums sollte deshalb frei von Wasserpflanzen sein.
Unter den Barben finden sich recht anspruchslose und
dennoch schön gefärbte und gezeichnete Arten, die
auch für ein kleines Anfängeraquarium hervorragend
geeignet sind.
Fast alle Arten sind Freilaicher. Bei manchen ist die
Aufzucht der Jungfische einfach und ohne große Erfahrung möglich.

Die auf den nächsten Seiten gezeigten Arten sind folgenden Familien zuzuordnen:

Cobitidae	Schmerlen	(C)
Cyprinidae	Karpfenfische	
Gyrinocheilidae	Algenfresser	(G)

*) Detritus = zerfallende tierische und pflanzliche Stof-
fe, die auf den Bodengrund abgesunken sind und den
sog. Mulm bilden. Detritus dient manchen Fischarten
mit spezialisiertem Verdauungssystem als zusätzliche
Nahrung und fördert ihr Wohlbefinden.

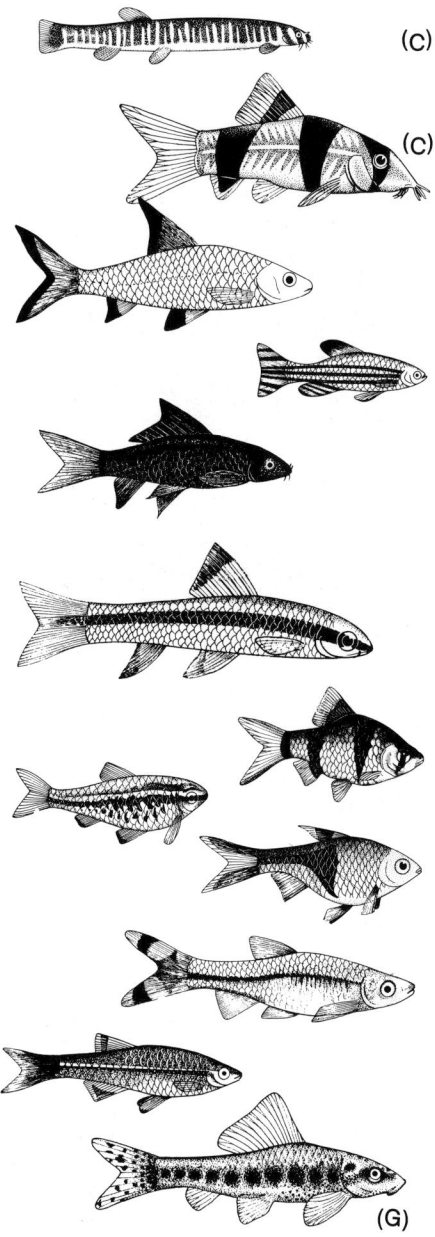

(C)

(C)

(G)

Typische Formen der Fischgruppe 4

Alle Formen ohne Buchstabenbezeichnung gehören
zur Familie der Karpfenfische (*).

114

Name	**Geflecktes Dornauge** (*Acanthophthalmus kuhlii*)
Heimat	Malaya, Sundainseln
Größe (ausgewachsen)	7 cm
Geschlechtsunterschied	Unbekannt.
Aquarienhaltung	Einfache Ansprüche an Wasser und Ernährung.
Wasserbeschaffenheit	Temperatur: 22–28° C pH: 6-7 dGH: bis 4-20°
Futter	TetraMin, TetraTips, TabiMin.
Wichtig zu wissen	Friedliche, gesellige Bodenfische. Am Tage versteckt in Höhlen (Blumentopf oder halbe Kokosnußschale) lebend, nachts lebhaft auf Futtersuche (unmittelbar vor dem Ausschalten der Beleuchtung eine entsprechende Portion Tablettenfutter reichen). – Kann durch kleinste Öffnungen in der Deckscheibe das Becken verlassen. Für Gesellschaftsaquarien gut geeignet, Futterrestvertilger, jedoch nicht mit unruhigen Bodenfischen vergesellschaften.

115

Name	**Tigerschmerle** *(Botia helodes)*
Heimat	Thailand, Malaya, Singapore, Sundainseln
Größe (ausgewachsen)	10 cm
Geschlechtsunterschied	Unbekannt
Aquarienhaltung	Einfache Ansprüche an Wasser, Ernährung beachten.
Wasserbeschaffenheit	Temperatur: 22–28° C pH: 6,0-6,5 dGH: bis 5°
Futter	TetraMin, TetraTips, TabiMin.
Wichtig zu wissen	Friedlicher Bodenfisch, revierbildend, gegen Artgenossen angriffslustig. Das jeweils kleinere Tier wird mit knackenden, meterweit hörbaren Lauten vom Futter verjagt. Bei Einrichtung von zwei Futterstellen ist in großen Aquarien Haltung von zwei und mehr Tieren möglich. Liebt dichte Pflanzenverstecke, braucht jedoch auch freien Schwimmraum. Über Zucht bisher nichts bekannt.

Name	**Rotflossenprachtschmerle** *(Botia lecontei)*
Heimat	Ostthailand, Laos
Größe (ausgewachsen)	15 cm
Geschlechtsunterschied	nicht erkennbar
Aquarienhaltung	Besondere Ansprüche an Wasserbeschaffenheit, Aquariendekoration und Ernährung.
Wasserbeschaffenheit	Temperatur: 24–28° C pH: 6,0-6,8 dGH: 5-15°
Futter	TetraTips FD, TetraDelica Rote Mückenlarven, TetraRubin, 1 x wöchentlich Lebendfutter oder Tiefkühlkost.
Wichtig zu wissen	Die Tiere benötigen stets frisches nitratarmes Wasser. Deshalb ist ein Teilwasserwechsel alle 8-14 Tage von ¼ bis ⅓ des Aquariuminhaltes angeraten. Dabei ist je nach Qualität des Leitungswassers (Chlor) Zugabe von AquaSafe zu empfehlen. Schmerlen mögen abgedunkelte Aquarien mit Versteckmöglichkeiten, z.B. Tonröhre (Drainagerohr) o.ä. Die Art ist recht friedlich, nur rivalisierende Männchen jagen einander. Wasser leicht sauer (ToruMin-Zugabe).

117

Barben und Schmerlen bei der Fütterung mit TetraTips

Name	**Prachtschmerle** *(Botia macracanthus)*
Heimat	Sumatra, Borneo
Größe (ausgewachsen)	12 cm; in der Natur 30 cm.
Geschlechtsunterschied	Das Weibchen ist schwerer und voller.
Aquarienhaltung	Einfache Ansprüche an Wasser, Ernährungshinweise beachten.
Wasserbeschaffenheit	Temperatur: 24–28° C pH: 6,0-7,5 dGH: 5-20°
Futter	TetraMin, TetraTips, TabiMin.
Wichtig zu wissen	Dekorative, prächtig gezeichnete Schmerle, die auch gegen Artgenossen friedlich ist. Für bepflanzte Gesellschaftsaquarien gut geeignet, möglichst in kleinerem Schwarm halten, wobei sie eng zusammenhaltend einen herrlichen Anblick bieten. Versteckmöglichkeiten unter Steinen oder Wurzeln sind unerläßlich. Zucht bisher nur zufällig gelungen, laicht wahrscheinlich im dichten Pflanzenbestand.

Name	**Zwergschmerle** *(Botia sidthimunki)*
Heimat	Thailand
Größe (ausgewachsen)	4,5 cm
Geschlechtsunterschied	Weibchen zur Laichzeit deutlich fülliger.
Aquarienhaltung	Einfache Ansprüche an Wasser, Ernährungshinweise beachten.
Wasserbeschaffenheit	Temperatur: 24–28° C pH: 6,0-7,5 dGH: 2-20°
Futter	TetraMin, TetraTips, Tetra FD-Menü.
Wichtig zu wissen	Kleinbleibender, sehr possierlicher, flinker Schwarmfisch der unteren Wasserregion, bevorzugt feinen Bodensand, Pflanzen und braucht in jedem Fall Verstecke. Für Gesellschaftsaquarien gut geeignet. Über Zucht bisher wenig bekannt.

Name	**Haibarbe** *(Balantiocheilus melanopterus)*
Heimat	Thailand, Sumatra, Borneo
Größe (ausgewachsen)	bis 25 cm
Geschlechtsunterschied	Nicht zu erkennen.
Aquarienhaltung	Einfache Ansprüche an Wasser und Ernährung.
Wasserbeschaffenheit	Temperatur: 22–28° C pH: 6,5-7,5 dGH: 6-22°
Futter	TetraMin, TetraPhyll, TetraTips.
Wichtig zu wissen	Schwimmgewandte wendige Art, widerstandsfähig und anspruchslos. Braucht große Aquarien mit langer Schwimmbahn. Für Jungfische reicht ein Meteraquarium, worin die Fische mit 10-12 cm Länge das Wachstum einstellen. Da friedlich, ist Vergesellschaftung auch mit kleineren Fischarten möglich.

121

Name	**Prachtbarbe** *(Barbus conchonius)*
Heimat	Nördliches Vorderindien, Bengalen, Assam
Größe (ausgewachsen)	6 cm
Geschlechtsunterschied	Das Männchen hat rötlichbraune Seiten, das Weibchen gelblich.
Aquarienhaltung	Einfache Ansprüche an Wasser und Ernährung.
Wasserbeschaffenheit	Temperatur: 18–24° C pH: 6,5-8,0 dGH: 10-30°
Futter	TetraMin, TetraRubin, TetraTips.
Wichtig zu wissen	Ausdauernder, friedlicher und lebhafter Schwarm-fisch, auch für das unbeheizte Aquarium in Gesell-schaft mit Goldfischen geeignet. Braucht viel freien Schwimmraum, gründelt gern in weichem Boden (feiner Sand). Frißt zarte Pflanzen ab. Freilaicher in feinblättrigen Pflanzen. Zucht einfach.

Name	**Purpurkopfbarbe** *(Barbus nigrofasciatus)*
Heimat	Südliches Sri Lanka (Ceylon)
Größe (ausgewachsen)	5 cm
Geschlechtsunterschied	Das Männchen ist wesentlich intensiver gefärbt.
Aquarienhaltung	Einfache Ansprüche an Wasser und Ernährung.
Wasserbeschaffenheit	Temperatur: 22–28° C pH: 6,0-7,5 dGH: 12-20°
Futter	TetraMin, TetraRubin, TetraTips, TabiMin.
Wichtig zu wissen	Lebhafter und friedlicher Schwarmfisch, ausdauernd, für gut bepflanzte Gesellschaftsaquarien bestens geeignet. Besonders ältere Männchen prächtig gefärbt (am schönsten, wenn die Männchen in Überzahl gegenüber den Weibchen). Braucht viel freien Schwimmraum und liebt dichte Hintergrundbepflanzung. Zucht nicht schwierig.

Name	**Eilandbarbe** *(Barbus oligolepis)*
Heimat	Sumatra
Größe (ausgewachsen)	4 cm
Geschlechtsunterschied	Das Männchen hat rötliche Flossen mit schwarzem Rand, das Weibchen gelbe Flossen ohne Rand.
Aquarienhaltung	Einfache Ansprüche an Wasser und Ernährung.
Wasserbeschaffenheit	Temperatur: 18–24° C pH: 6,0-7,5 dGH: 10-20°
Futter	TetraMin, TetraTips, TabiMin, TetraRubin.
Wichtig zu wissen	Ähnlich den vorher beschriebenen Arten, bevorzugt weichen Boden (Torfmull auskochen), lichte Bepflanzung und freien Schwimmraum. Liebenswerte kleine Art, auch für schwach beheizte Aquarien. Bevorzugt, wie fast alle Barbenarten, sauberes Altwasser. Bei Wasserwechsel und Frischwasserzugabe dient AquaSafe sichtbar dem Wohlbefinden. Zucht nicht schwierig.

Name	**Messingbarbe** *(Barbus semifasciolatus)*
Heimat	Hongkong, Südostchina
Größe (ausgewachsen)	7 cm
Geschlechtsunterschied	Das Weibchen ist kräftiger gefärbt.
Aquarienhaltung	Einfache Ansprüche an Wasser und Ernährung.
Wasserbeschaffenheit	Temperatur: 22–24° C pH: 6,5-7,8 dGH: 10-25°
Futter	TetraMin
Wichtig zu wissen	Einfach zu haltende, friedliche Fische für nicht zu warme Gesellschaftsaquarien. Einer der ältesten Aquarienfische und nur noch selten im Handel. Die Art braucht helle bepflanzte Aquarien mit Versteck-möglichkeiten und freiem Schwimmraum.

Name	**Brokatbarbe** *(Barbus semifasciolatus „schuberti")*
Heimat	Zuchtform
Größe (ausgewachsen)	6 cm
Geschlechtsunterschied	Das Weibchen ist sehr viel plumper als das Männchen.
Aquarienhaltung	Einfache Ansprüche an Wasser und Ernährung.
Wasserbeschaffenheit	Temperatur: 22–28° C pH: 6,5-8,0 dGH: 8-25°
Futter	TetraMin
Wichtig zu wissen	Wahrscheinlich Zuchtform von *Barbus semifasciolatus*, der Messingbarbe. Lebhafter Schwarmfisch, friedlich, für das Gesellschaftsaquarium gut geeignet. Bevorzugt reiche Bepflanzung und viel freien Schwimmraum. Gründelt, daher viel Mulmbelag auf zarten Pflanzen, an deren Stelle daher breitblättrige Pflanzen treten sollten. Liebt Altwasser. Fühlt sich aber nach AquaSafe-Zugabe in Frischwasser sofort wohl wie in bestem Altwasser. Freilaicher, Zucht nicht schwierig.

Name	**Sumatrabarbe** (*Barbus tetrazona*)
Heimat	Borneo, Sumatra, Thailand
Größe (ausgewachsen)	5 cm
Geschlechtsunterschied	Das Weibchen ist zur Laichzeit sehr schwer und rundlich.
Aquarienhaltung	Einfache Ansprüche an Wasser und Ernährung.
Wasserbeschaffenheit	Temperatur: 22–28° C pH: 6,5-7,8 dGH: bis 10°
Futter	TetraMin, TetraRubin, TetraTips und TabiMin.
Wichtig zu wissen	Sehr beliebte Barbenart, farbenfroher, lebhafter und anspruchsloser Schwarmfisch. Friedlich, sollte jedoch nicht mit Skalaren zusammen gehalten werden, da sie die Bauchflossenfäden derselben beschädigt. Wird im Alter bewegungsunlustiger. Häufiger teilweiser Wasserwechsel ist besonders angeraten (AquaSafe). Freilaicher, Zucht und Aufzucht nicht schwierig.

Name	**Rubinbarbe** *(Barbus ticto)* (Mutation)
Heimat	Malaya, Sumatra
Größe (ausgewachsen)	5 cm
Geschlechtsunterschied	Das Männchen ist etwas schlanker u. viel farbiger.
Aquarienhaltung	Einfache Ansprüche an Wasser und Ernährung.
Wasserbeschaffenheit	Temperatur: 22–28° C pH: 6,5-7,8 dGH: 10-20°
Futter	TetraMin, TetraRubin.
Wichtig zu wissen	Sehr hübscher und lebhafter Schwarmfisch für das Gesellschaftsaquarium mit kräftiger Rand- und Hintergrundbepflanzung. Gründelt weniger als die Sumatrabarbe und verschont auch zarte Pflanzen. – Sehr empfehlenswert. Herrlich rubinrot bei Fütterung mit TetraRubin. – Freilaicher. Zucht und Aufzucht leicht.

Name	**Bitterlingsbarbe** *(Barbus titteya)*
Heimat	Sri Lanka (Ceylon)
Größe (ausgewachsen)	5 cm
Geschlechtsunterschied	Das Männchen mit viel Rot, das Weibchen mehr gelblich.
Aquarienhaltung	Einfache Ansprüche an Wasser und Ernährung.
Wasserbeschaffenheit	Temperatur: 22–28° C pH: 6,5-7,5 dGH: bis 18°
Futter	TetraMin, TetraTips, TetraRubin.
Wichtig zu wissen	Friedlicher, schöner, etwas zurückhaltender Fisch. Bewohnt die untere Wasserregion. Liebt weichen Boden und hält sich bei zu dichter Bepflanzung leider meist versteckt. Abdunkelnde Schwimmpflanzendecke und dunkler Boden vorteilhaft. Es gibt eine besonders schöne rote Form. Im großen Aquarium im Schwarm, im kleinen paarweise halten, die Männchen rivalisieren. Freilaicher, Zucht nicht schwierig.

Name	**Schillerbärbling** *(Brachydanio albolineatus)*
Heimat	Hinterindien, Sumatra, in fließenden Gewässern.
Größe (ausgewachsen)	5 cm
Geschlechtsunterschied	Das Weibchen ist schwerer und weniger elegant.
Aquarienhaltung	Einfache Ansprüche an Wasser und Ernährung.
Wasserbeschaffenheit	Temperatur: 20–26° C pH: 6,5-7,0 dGH: 5-12°
Futter	TetraMin
Wichtig zu wissen	Friedlicher, ganz anspruchsloser und wie Perlmutt schimmernder Schwarmfisch, für Gesellschaftsaquarien gut geeignet. Nimmermüder Schwimmer, der in einem kleinen Aquarium viel zu unruhig wirkt. Daher nur für längere Aquarien ab 1 m empfehlenswert. Springt gern. Freilaicher im Pflanzendickicht. Zucht und Aufzucht nicht schwierig.

130

Name	**Leopard-Danio** *(Brachydanio frankei)*
Heimat	
Größe (ausgewachsen)	5 cm
Geschlechtsunterschied	Das Weibchen ist kräftiger, insgesamt heller.
Aquarienhaltung	Einfache Ansprüche an Wasser und Ernährung.
Wasserbeschaffenheit	Temperatur: 20–26° C pH: 6-8 dGH: 4-20°
Futter	TetraMin
Wichtig zu wissen	Wahrscheinlich Zuchtform, entstanden als Mutation von *Brachydanio rerio*. Schwarmfisch der mittleren und oberen Wasserschichten, friedlich und lebhaft. Ähnlich den beiden nachfolgend beschriebenen, echten *Brachydanio*-Arten, die ihr auch vorzuziehen sind. – Freilaicher, Zucht und Aufzucht nicht schwierig.

Name	**Tüpfelbärbling** *(Brachydanio nigrofasciatus)*
Heimat	Oberburma, in fließenden Gewässern.
Größe (ausgewachsen)	4 cm
Geschlechtsunterschied	Beim Männchen Bauch orangefarben, schlanker.
Aquarienhaltung	Einfache Ansprüche an Wasser und Ernährung.
Wasserbeschaffenheit	Temperatur: 20–26° C pH: 6,5-7,5 dGH: 5-12°
Futter	TetraMin
Wichtig zu wissen	Wie der Zerbrabärbling ein idealer Liebhaberfisch. Ist vielleicht etwas ruhiger als dieser und etwas kleiner. Weist nur ein Paar Barteln auf. Sonst wie die folgende Art, die sie an Beliebtheit wahrscheinlich wegen der markanten Streifenzüchtung übertrifft.

Name	**Zebrabärbling** *(Brachydanio rerio)*
Heimat	Östliches Vorderindien, in Bächen
Größe (ausgewachsen)	4 cm
Geschlechtsunterschied	Das Männchen ist voller, etwas heller als das Weibchen.
Aquarienhaltung	Einfache Ansprüche an Wasser und Ernährung.
Wasserbeschaffenheit	Temperatur: 20–26° C pH: 6,5-8,0 dGH: 5-25°
Futter	TetraMin, TetraPhyll
Wichtig zu wissen	Mit der sehr dezenten Streifen-Musterung einer der beliebtesten und wohl der meistgepflegtesten Zierfische überhaupt. Ausdauernd und friedlich, lebhafter, gewandter Schwimmer. Leicht zu pflegen und für Anfänger besonders geeignet. Kommt nur im Schwarm richtig zur Geltung. Zucht leicht.

133

Name	**Malabarbärbling** *(Danio aequipinnatus)*
Heimat	Sri Lanka, Westliches Vorderindien
Größe (ausgewachsen)	12 cm
Geschlechtsunterschied	Das Weibchen ist plumper, matter gefärbt.
Aquarienhaltung	Einfache Ansprüche an Wasser und Ernährung.
Wasserbeschaffenheit	Temperatur: 20–26° C pH: 6,5-7,5 dGH: 5-18°
Futter	TetraMin
Wichtig zu wissen	Friedlicher Schwarmfisch, sehr schneller Schwimmer. Benötigt viel freien Schwimmraum in der oberen Wasserregion. Haltung im Gesellschaftsaquarium gut möglich. Wird recht groß, ältere Tiere sind mattfarbig und wirken träge. Freilaicher im Pflanzendickicht, Aufzucht nicht schwierig.

Name	**Siamesischer Algenfresser** *(Crossocheilus siamensis)*
Heimat	Thailand, Malaysia
Größe (ausgewachsen)	10 cm
Geschlechtsunterschied	Nicht zu erkennen.
Aquarienhaltung	Einfache Ansprüche an Wasser und Ernährung.
Wasserbeschaffenheit	Temperatur: 22–28° C pH: 6,5-7,8 dGH: 5-25°
Futter	TetraPhyll, Algen, TetraTips, TetraMin.
Wichtig zu wissen	Wie vorher beschriebene Art, aber weniger auffallend gefärbt, jedoch von eleganter Form. Friedlich und auch gegenüber Artgenossen verträglich. Ist der beste Algenfresser im Aquarium überhaupt. Ein einzelnes Tier kann, reihum gesetzt, eine ganze Reihe von Aquarien algenfrei halten, und gedeiht dabei prächtig. Zucht unbekannt. Aquarium abdecken, die Tiere springen.

Name	**Feuerschwanz** *(Epalzeorhynchus bicolor)*
Heimat	Thailand
Größe (ausgewachsen)	12 cm
Geschlechtsunterschied	Nicht erkennbar.
Aquarienhaltung	Nicht schwierig, aber Ernährungshinweise beachten.
Wasserbeschaffenheit	Temperatur: 24–28° C pH: um 7,0 dGH: bis 15°
Futter	TetraMin, TetraPhyll, TetraTips, Tetra Delica Rote Mückenlarven.
Wichtig zu wissen	Einzelgänger, revierbildend und bei Haltung von wenigen Tieren gegen Artgenossen unverträglich. Bei vier oder mehr Tieren in einem Aquarium wird der Trieb zur Revierbildung unterdrückt. Gegen Fische anderer Arten friedlich und sehr gut für das Gesellschaftsaquarium geeignet. Braucht Versteckplätze. Liebt reines, nitritfreies Wasser und regelmäßig teilweisen Wasserwechsel (AquaSafe); er zeigt sich dann in intensiven Farben. Zucht sehr schwierig, nur gelegentlich gelungen.

Name	**Grüner Fransenlipper** *(Epalzeorhynchus frenatus)*
Heimat	Südöstliches Thailand
Größe (ausgewachsen)	15 cm
Geschlechtsunterschied	Unbekannt
Aquarienhaltung	Einfache Ansprüche an Wasser und Ernährung.
Wasserbeschaffenheit	Temperatur: 22–26° C pH: 6,5-7,5 dGH: 5-25°
Futter	TetraMin, TabiMin.
Wichtig zu wissen	Friedliche Art gegenüber allen Aquariuminsassen außer Artgenossen. Diesen gegenüber sind die Tiere zänkisch. Deshalb ist Einzelhaltung angeraten. Zufallszuchten im Aquarium sind bekannt. Wahrscheinlich wird in einer Höhle abgelaicht. Die Fische lieben klares, leicht saures Wasser (ToruMin) und nicht zu helle Aquarien. Randbepflanzung ist möglich. Zwei Drittel des Aquariums sollte als Schwimmraum, zumindest für größere Tiere, reserviert bleiben.

137

Name	**Schönflossen-Rüsselbarbe** *(Epalzeorhynchus kallopterus)*
Heimat	Sumatra, Borneo
Größe (ausgewachsen)	bis 10 cm
Geschlechtsunterschied	Nicht zu erkennen.
Aquarienhaltung	Einfache Ansprüche an Wasser und Ernährung.
Wasserbeschaffenheit	Temperatur: 22–28° C pH: 6,5-7,5 dGH: 5-18°
Futter	TetraMin, TetraPhyll, TetraTips und TabiMin.
Wichtig zu wissen	Sehr ruhiger, meist auf Wurzeln und größeren Pflanzenblättern ruhender Fisch der Bodenregion. Bewohnt gern Höhlen. Gegen Artgenossen aggressiv, Einzeltiere im Gesellschaftsaquarium mit anderen Arten jedoch gut zu halten. Weidet gelegentlich Algen ab. Zucht unbekannt.

Name	**Keilfleckbarbe** *(Rasbora heteromorpha)*
Heimat	Malaya, Thailand, östliches Sumatra
Größe (ausgewachsen)	4 cm
Geschlechtsunterschied	Bei Weibchen Keilfleck vorn abgerundet, bei Männchen unten spitz.
Aquarienhaltung	Einfache Ansprüche an Wasser und Ernährung.
Wasserbeschaffenheit	Temperatur: 24–28° C pH: 6,0-7,0 dGH: bis 12°
Futter	TetraMin, Tetra FD-Menü, TetraRubin.
Wichtig zu wissen	Ein besonders schöner, sehr beliebter Schwarmfisch der mittleren Wasserregion. Kommt auch paarweise zur Geltung. Für Gesellschaftsaquarien gut geeignet. Bevorzugt dunklen Bodengrund und leicht abgedunkelte Oberfläche (Schwimmpflanzen); zur Bepflanzung vorwiegend Cryptocorynen wählen. – Heftet Eier an Unterseite von Pflanzenblättern. ToruMin beim Wasserwechsel erleichtert die Haltung.

139

Name	**Zwergbärbling** *(Rasbora maculata)*
Heimat	Malaya, Singapur, Sumatra
Größe (ausgewachsen)	2,5 cm
Geschlechtsunterschied	Weibchen mit deutlich rundlicher Bauchlinie.
Aquarienhaltung	Nur für erfahrene Aquarianer empfehlenswert, besondere Ansprüche an Wasserbeschaffenheit und Ernährung.
Wasserbeschaffenheit	Temperatur: 24–28° C pH: 5,8-6,3 dGH: bis 5°
Futter	Tetra FD-Menü, Artemia.
Wichtig zu wissen	Farblich entzückender, zarter kleiner Schwarmfisch. Nur für Vergesellschaftung mit kleinsten, ruhigen Arten geeignet, z. B. *Nannostomus*-Arten, *Corydoras hastatus*. Dichte, feine Bepflanzung und dunkler Bodengrund (Torfbelag). Freilaicher, Zucht und Aufzucht schwierig.

Name	**Rotstreifenbärbling** *(Rasbora pauciperforata)*
Heimat	Sumatra, Malayische Halbinsel
Größe (ausgewachsen)	5 cm
Geschlechtsunterschied	Weibchen ist weniger schlank als das Männchen.
Aquarienhaltung	Nicht schwierig, aber Ernährungshinweise beachten.
Wasserbeschaffenheit	Temperatur: 22–28° C pH: 5,8-6,5 dGH: bis 10°
Futter	TetraMin, Tetra FD-Menü, Artemia.
Wichtig zu wissen	Eine der elegantesten der schlanken *Rasbora*-Arten. Friedlicher, lebhafter, ausgesprochener Schwarmfisch der mittleren und oberen Wasserregion. Braucht dichte, feinblättrige Bepflanzung mit freiem Schwimmraum und dunklem Boden. Anfangs etwas scheu. Freilaicher, Zucht schwierig.

141

Name	**Glasbärbling** *(Rasbora trilineata)*
Heimat	Malaya, Große Sundainseln
Größe (ausgewachsen)	7 cm
Geschlechtsunterschied	Das Weibchen hat eine gewölbte Bauchlinie.
Aquarienhaltung	Einfache Ansprüche an Wasser und Ernährung.
Wasserbeschaffenheit	Temperatur: 22–28° C pH: 6,0-6,5 dGH: bis 12°
Futter	TetraMin, Tetra FD-Menü.
Wichtig zu wissen	Eleganter Schwimmer, friedlich, gern im Schwarm. Ziemlich anspruchslos und recht ausdauernd. Lebt in der mittleren Wasserzone. Dichte Bepflanzung, dunkler Boden und freier Schwimmraum wünschenswert. Freilaicher, Zucht und Aufzucht ziemlich leicht.

Name	**Kardinalfisch** *(Tanichthys albonubes)*
Heimat	China, Hongkong
Größe (ausgewachsen)	4 cm
Geschlechtsunterschied	Das Männchen ist schlanker als das Weibchen.
Aquarienhaltung	Einfache Ansprüche an Wasser und Ernährung.
Wasserbeschaffenheit	Temperatur: 15–24° C pH: 6,0-7,8 dGH: 5-25°
Futter	TetraMin, TetraRubin, Tetra FD-Menü.
Wichtig zu wissen	Lebhafter, hübscher und sehr beliebter Schwarm-fisch. Anspruchslos und für Anfänger gut geeignet. Belebt die mittlere und obere Wasserregion. Bevor-zugt viel freien Schwimmraum und helles Licht bei dunklem Bodengrund, zeigt sich sonst nicht in den schönsten Farben. – Freilaicher, Zucht und Auf-zucht ziemlich leicht. Da die Art aus Gebirgsbächen stammt, ist sie auch im unbeheizten Zimmeraqua-rium zu halten, z.B. mit Goldfischen.

143

Name	**Algenfresser** *(Gyrinocheilus aymonieri)*
Heimat	Thailand
Größe (ausgewachsen)	12 cm
Geschlechtsunterschied	Unbekannt
Aquarienhaltung	Einfache Ansprüche an Wasser und Ernährung.
Wasserbeschaffenheit	Temperatur: 22–28° C pH: 6,5-7,5 dGH: 5-18°
Futter	TetraMin, TabiMin, Algen.
Wichtig zu wissen	Friedlicher Algenfresser, für Gesellschaftsaquarien sehr gut geeignet. Ältere Tiere belästigen jedoch mitunter andere, größere Fische, indem sie sich mit ihrem Saugmaul an diese anheften. Begnügt sich mit jeder Aquarieneinrichtung, sofern sie nur genügend Pflanzen und Versteckmöglichkeiten bietet. Zucht nicht bekannt.

Barben im Aquarium

145

Gruppe 5

Familie Cyprinodontidae
Eierlegende Zahnkarpfen
(„Killi-Fische")

Eierlegende Zahnkarpfen sind in vielen Gebieten Amerikas, Afrikas und Asiens, z.T. sogar in Europa zu Hause.

Nicht wenige Arten dieser Familie zählen zu den farbenprächtigsten Zierfischen überhaupt. Leider aber ist die Pflege dieser Juwelen allgemein nicht ganz einfach. Es werden besondere Anforderungen an die Wasserbeschaffenheit und auch an die Fütterung gestellt, auch sind diese Fische nur mit besonderem Vorbehalt für das Gesellschaftsaquarium geeignet.

Das Wasser sollte mittels Torffilterung und Torf als Bodengrund weich und schwach sauer sein. Eine regelmäßige ToruMin-Zugabe erhöht Wohlbefinden und Widerstandsfähigkeit. In der Natur sind einige Arten nur einjährig, im Aquarium aber auch mehrjährig.

Die Fütterung sollte öfter (mindestens 4-5mal täglich), dafür aber in kleine Portionen erfolgen. Vor einer Vergesellschaftung mit Fischen aus anderen Familien ist abzuraten. Auch die Arten untereinander sollten nicht wahllos zusammen gehalten werden.

Diese Fische sind begehrenswerte Kostbarkeiten, gelten aber für den Anfänger nur teilweise als geeignet. Die Pflege setzt einige Erfahrung und besondere Sorgfalt voraus. – Aber warum nicht den Versuch in einem gesonderten, kleinen Aquarium machen? Man muß sich aber vorher mit den speziellen Angaben der Literatur vertraut machen, die beim Zoofachhändler zu erhalten ist.

Seitdem es AquaSafe gibt, ist die Pflege dieser schönen Zierfischarten in bezug auf die Wasserzusammensetzung fast problemlos geworden. Auch als besonders empfindlich bekannte Arten vertragen Wasserwechsel und sonstige Veränderungen nach Transport und Umsetzen ohne Beschwerden, wenn AquaSafe, am besten kombiniert mit ToruMin, angewendet wird (evtl. doppelte Dosis bei Eingewöhnung).

Es ist daher zu erhoffen, daß diese kostbaren Fische, die in Zeichnung und Farbe zu den schönsten überhaupt gehören, immer mehr Verbreitung und neue Freunde gewinnen werden. Zierfischfreunde, die sich diesen Fischen besonders zuneigen, haben sich in der Deutschen Killifisch-Gesellschaft zusammengeschlossen (siehe Seite 203).

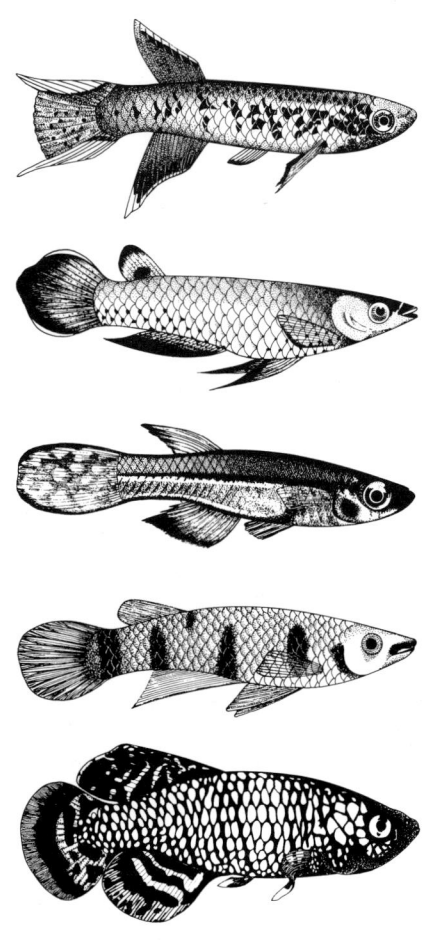

Typische Körperformen der Fischgruppe 5

Name	**Kap Lopez** *(Aphyosemion australe)*
Heimat	Westafrika; um Gabun. In küstennahen Torfgewässern.
Größe (ausgewachsen)	4,5 cm
Geschlechtsunterschied	Das Männchen ist farbintensiver, porzellanweiße Flossenspitzen; Weibchen unscheinbar braun.
Aquarienhaltung	Verlangt viel Fürsorge in Ernährung und Pflege.
Wasserbeschaffenheit	Temperatur: 20–26° C pH: 5,5-6,5 dGH: bis 10°
Futter	TetraMin, TetraTips, Tetra FD-Menü, Artemia.
Wichtig zu wissen	Eine der schönsten Zierfischarten. Von allen *Aphyosemion*-Arten am meisten zu empfehlen, da verhältnismäßig problemlos, auch bezüglich Futter, in der Haltung und Zucht. Gut mit gleichartigen Fischen zu vergesellschaften. Flache, gut bepflanzte Aquarien mit dunklem Torfmull-Boden eignen sich besonders. Pflanzenlaicher.

147

Name	**Gebänderter Prachtkärpfling** *(Aphyosemion bivittatum)*
Heimat	Äquatorialafrika, Togo, in Urwaldtümpeln
Größe (ausgewachsen)	4 cm
Geschlechtsunterschied	Die farblich sehr variierenden Männchen lebhafter gefärbt als die unscheinbaren Weibchen.
Aquarienhaltung	Verlangt viel Fürsorge in Ernährung und Pflege.
Wasserbeschaffenheit	Temperatur: 20–26° C pH: 6,0-6,5 dGH: 1-6°
Futter	TetraMin, TetraTips, Tetra FD-Menü, Artemia.
Wichtig zu wissen	Friedliche und verträgliche, schöne kleine Art. Gut mit gleichartigen Fischen zu vergesellschaften, die ebenfalls weiches saures Wasser und Torfmull als Bodengrund benötigen. Diese Art hält sich gerne in den mittleren Wasserregionen auf. Pflanzenlaicher.

Name	**Nigeria-Prachtkärpfling** *(Aphyosemion gardneri)*
Heimat	Afrika: Nigerküstengebiet
Größe (ausgewachsen)	10 cm
Geschlechtsunterschied	Das Männchen ist viel intensiver gefärbt u. etwas größer als das unscheinbar braune Weibchen.
Aquarienhaltung	Verlangt viel Fürsorge in Ernährung und Pflege.
Wasserbeschaffenheit	Temperatur: 20-26° C pH: 6,5 dGH: 5-8°
Futter	TetraMin, TetraTips, Tetra FD-Menü, Tetra Delica Rote Mückenlarven, Artemia.
Wichtig zu wissen	Sehr schöne Art, die am besten paarweise zu halten ist, weil Männchen untereinander etwas unverträglich sind. Kleinere, auch flache Aquarien sind ausreichend. Dunkler Boden- und Hintergrund erhöht die prachtvolle Farbwirkung. Eier werden in den Torfmull-Boden abgelegt. Entwicklungsdauer: um 22 Tage bei einer Temperatur von 22° C. Die Aufzucht ist nicht schwierig.

Name	**Streifenhechtling** *(Aplocheilus lineatus)*
Heimat	Vorderindien, Ceylon
Größe (ausgewachsen)	8 cm
Geschlechtsunterschied	Das Männchen ist wesentlich farbintensiver.
Aquarienhaltung	Verlangt viel Fürsorge in Ernährung und Pflege.
Wasserbeschaffenheit	Temperatur: 20–26° C pH: 6,0-6,8 dGH: bis 12°
Futter	TetraMin, Lebendfutter.
Wichtig zu wissen	Oberflächenfisch, welcher gegenüber kleineren Fischen recht räuberisch sein kann. Fühlt sich in größeren Becken mit einer Schwimmpflanzendecke besonders wohl, da etwas lichtscheu. Braucht kräftige Nahrung, nimmt am liebsten kleine Fische, auch TetraTips-Stückchen aus der Pinzette. Laicht in Schwimmpflanzen und Wurzeln.

Name	**Querbandhechtling** (*Epiplatys dageti*)
Heimat	Tropisches Westafrika, Liberia bis Ghana
Größe (ausgewachsen)	5 cm
Geschlechtsunterschied	Kehle beim Männchen rötlich.
Aquarienhaltung	Einfache Ansprüche an Wasser und Ernährung.
Wasserbeschaffenheit	Temperatur: 20–26° C pH: 6,0-6,5 dGH: bis 10°
Futter	TetraMin, Tetra Delica Rote Mückenlarven FD.
Wichtig zu wissen	Ausgesprochener Oberflächenfisch. Friedlich und durchaus nicht scheu. Kann gut in bepflanzten Gesellschaftsaquarien gehalten werden. Stellt keine besonderen Ansprüche an Wasserbeschaffenheit und Futter, das am liebsten von der Oberfläche genommen wird. – Eier werden in feinfiedrige Pflanzen gelegt.

Die Zucht von Eierlegenden Zahnkarpfen ist nicht besonders schwierig, wenn man die richtigen Wasserbedingungen schafft und gut füttert. In der Natur haben die meisten Fische dieser Familie nur eine kurze Lebensdauer. Wegen des Vorkommens in kleinen flachen Gewässern, die während der Trockenperiode austrocknen, haben die „Killifische" eine dieser Gegebenheiten angepaßte Fortpflanzungsart entwickelt. Die Elterntiere laichen paarweise ab, manchmal auch zu mehreren Tieren zusammen, kurz bevor die Trokkenzeit einsetzt. Der Laich ist in der Lage, im feuchten Bodengrund (Torffaser/Laub) auszudauern, bis die neue Regenzeit einsetzt. Die Jungen schlüpfen dann bald und werden innerhalb von ca. acht Monaten ge-

schlechtsreif, gerade rechtzeitig vor der nächsten Trockenperiode. Im Aquarium werden Killifische wegen der fehlenden Trockenzeit bis zu zwei Jahr alt.

Linke Spalte von oben:
Nothobranchius melanospilus (Guentherigruppe)
Das Männchen drängt das Weibchen zum Laichen
Das fängt an zu suchen; Männchen hält dichten Kontakt
Das Männchen bedrängt das Weibchen

Rechte Spalte von oben:
Männchen umklammert das Weibchen mit Rückenflosse
Paarung
Paarung mit zwei Männchen

Name	**Prachtgrundkärpfling** (*Nothobranchius rachovi*)
Heimat	Moçambique (Ostafrika)
Größe (ausgewachsen)	5 cm
Geschlechtsunterschied	Das Weibchen ist farblos grau-bräunlich.
Aquarienhaltung	Nur für erfahrene Aquarianer empfehlenswert, besondere Ansprüche der Wasserbeschaffenheit und Ernährung.
Wasserbeschaffenheit	Temperatur: 22–26° C pH: 6,5 dGH: 4-6°
Futter	TetraMin, Tetra FD-Menü, Artemia, Lebendfutter.
Wichtig zu wissen	Sehr farbenprächtige, einjährige Art. Nach dem Ablaichen wird der Torf herausgenommen, über ein feines Sieb entwässert und etwa drei Monate in einer abgedeckten Schale bei geringem Luftzutritt feucht bei Zimmertemperatur gelagert. Wenn danach Regenwasser aufgegossen wird, schlüpfen die Jungfische bei 22-24° C nacheinander innerhalb einer Woche.

Gruppe 6

Familie Poeciliidae
Lebendgebärende Zahnkarpfen

Alle Arten sind auf Süd- und Mittelamerika beschränkt. Man erkennt die dieser Familie zugehörigen Arten an der zu einem Begattungsorgan umgebildeten Afterflosse der Männchen, dem Gonopodium.
Bei einigen Arten zeigen die Weibchen den sog. Trächtigkeitsfleck am hinteren Teil des Bauches.
Je nach Art, aber auch abhängig von der Temperatur, liegt die Dauer der Trächtigkeit zwischen 4-6 Wochen. Das vom Weibchen aufgenommene Sperma bleibt in einer Samentasche längere Zeit lebensfähig. Der Vorrat an Sperma kann also Eier für mehrere Würfe befruchten, ohne daß es einer neuen Kopulation mit einem Männchen bedarf (Vorratsbefruchtung). Die je nach Art 5 bis 12 mm langen Jungfische verlassen den Mutterleib voll entwickelt. Sie nehmen sofort feines Futter und sind mit MicroMin oder feinst gesiebtem TetraMin, ergänzt durch Artemia-Nauplien, leicht aufzuziehen.
Wer zielbewußt züchten will, sondert die hochträchtigen Weibchen in kleine (Vollglas-) Aquarien ab und versieht diese mit dichten Pflanzenbüscheln. Darin können sich die Jungfischchen dem häufig zu beobachtenden Kannibalismus der Mutter entziehen. Nach vollzogener „Geburt" kann man die Mutter entfernen und die Jungfische getrennt aufziehen. Es gibt im Handel auch sog. Ablaichkästen, die ins Aquarium eingehängt werden können.
Die „Lebendgebärenden" sind anspruchslos in jeder Hinsicht. Viele Arten sind die Anfängerfische schlechthin. Mit der Pflege und Züchtung befassen sich aber auch erfahrene Fachleute, die bereits mit den schwierigsten Problemfischen fertig geworden sind. Der für den Züchter reizvolle Vorzug dieser Gruppe liegt nämlich darin, daß einige Gattungen sehr zu Variationen neigen. Durch Kreuzung und Paarung von verschiedenen Varianten lassen sich unendlich viele Kombinationen hinsichtlich Gestalt und Färbung erzielen. Ein Beispiel hierfür bilden die vielen beliebten Formen von Schwertträgern und Platys sowie die Guppy-Zuchtformen.
Es gibt eine Gesellschaft, die sich ausschließlich mit diesen Fischen befaßt und deren Mitglieder ihre besten Zuchtergebnisse alljährlich auf Ausstellungen zeigen, wo sie von einer Jury beurteilt werden und Preise erhalten. Wer sich dafür interessiert, auch sonst einem Verein für Aquarienfreunde beizutreten, erhält die Adresse des nächsten Vereines vom Verband Deutscher Vereine für Aquarienkunde e.V. (Anschrift siehe Seite 203).
Auch als Gast ist man in einem solchen Verein willkommen. Wer Lust hat, kann auch Mitglied des Vereines werden. Man bekommt viele Anregungen und lernt andere Zierfischfreunde kennen, wodurch das Aquarienhobby noch viel interessanter wird.

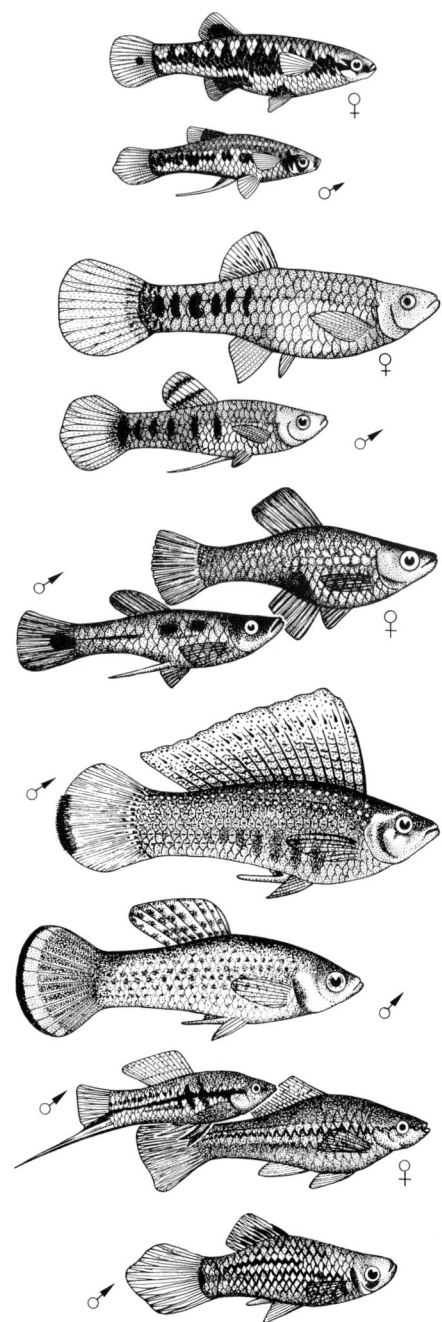

Typische Körperformen der Fischgruppe 6

Name	**Breitflossenkärpfling** (*Poecilia latipinna*)
Heimat	Mexiko, Texas
Größe (ausgewachsen)	10 cm
Geschlechtsunterschied	Hohe Rückenflosse beim Männchen, außerdem Gonopodium.
Aquarienhaltung	Einfache Ansprüche an Wasser und Ernährung.
Wasserbeschaffenheit	Temperatur: 22–28° C pH: 7,0-8,2 dGH: 15-30°
Futter	TetraPhyll, TetraTips, Algen.
Wichtig zu wissen	Dekorative, friedliche Art. Benötigt zur vollen Entwicklung große Aquarien mit Bepflanzung, heller Beleuchtung (Sonne) und reichlich Algenwuchs. Meersalzzugabe (bis 2 g/l) empfehlenswert, wobei Vallisnerien noch gut gedeihen. Gut zur Vergesellschaftung mit dem Guppy und kleineren Labyrinthfischen geeignet. – Die recht ähnliche Art *Poecilia velifera*, der Segelkärpfling, ist noch imposanter, benötigt aber noch größere Becken mit viel Algennahrung zur vollen Entwicklung. – Das Bild zeigt die hübsche albinotische Zuchtform von dieser Art.

155

Name	**Dreifarbiger Jamaika-Kärpfling** *(Poecilia melanogaster)*
Heimat	Jamaika, Haiti
Größe (ausgewachsen)	5 cm
Geschlechtsunterschied	Das Weibchen hat großen schwarzblauen Trächtigkeitsfleck.
Aquarienhaltung	Einfache Ansprüche an Wasser und Ernährung.
Wasserbeschaffenheit	Temperatur: 20–26° C pH: 7,5-8,5 dGH: 20-30°
Futter	TetraPhyll, TetraTips, Algen.
Wichtig zu wissen	Interessant gezeichnete Art. Für bepflanzte Gesellschaftsaquarien gut geeignet. Für Versteckmöglichkeiten sorgen, weil das Männchen stark treibt. Bester Algenfresser, kümmert ohne diese. Becken daher sehr stark beleuchten (zeitweise Sonne). Jungfische anfangs schnellwüchsig, benötigen dann jedoch mehr als sechs Monate bis zur Ausfärbung.

Name	**Guppy** *(Poecilia reticulata)*
Heimat	Südamerika, nördlich des Amazonas und die vorgelagerten Inseln Trinidad und Barbados.
Größe (ausgewachsen)	3 cm, Zuchtformen 6 cm.
Geschlechtsunterschied	Das Männchen ist viel kleiner als das Weibchen, farbenfroher mit Gonopodium.
Aquarienhaltung	Einfache Ansprüche an Wasser und Ernährung.
Wasserbeschaffenheit	Temperatur: 22–28° C pH: 7,0-8,5 dGH: 20-30°
Futter	TetraMin, Tetra FD-Menü, TetraTips, Artemia.
Wichtig zu wissen	Einer der ältesten Aquarienfische. Die Wildform – man findet sie heute kaum noch im Handel – ist genügsam, zählebig und überaus fruchtbar. Die schönen Zuchtformen sind anspruchsvoller und bedürfen sorgfältiger Wasserpflege und Fütterung.

157

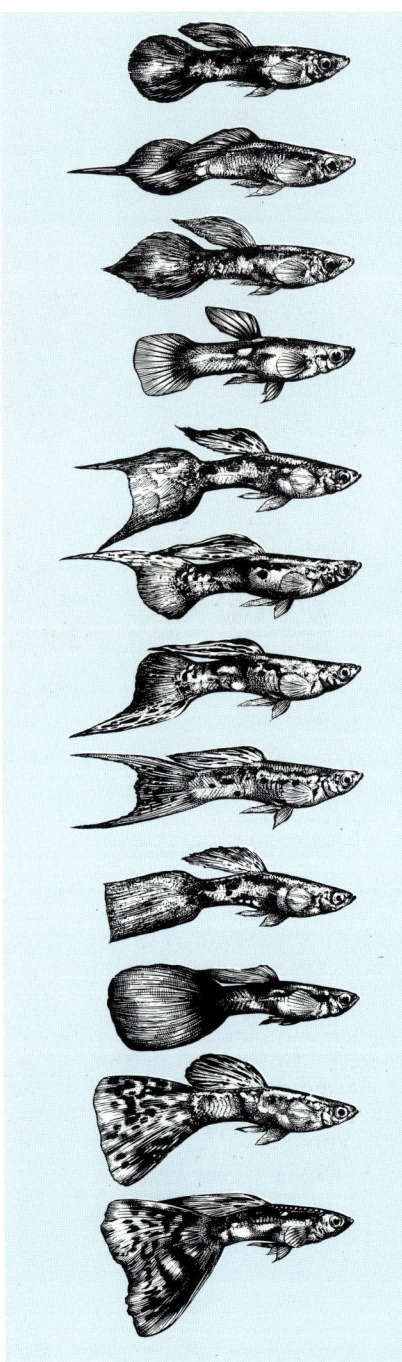

Die Bilder zeigen Guppy-Zuchtformen
Oben: Fächerschwanz
Mitte: Triangel
Unten: Wiener Smaragd
Die rechte Spalte zeigt verschiedene
Standard-Guppy-Zuchtformen (von
oben):
Rundschwanz, Nadelschwanz,
Spitzschwanz, Spatenschwanz,
Leierschwanz, Obenschwert,
Untenschwert, Doppelschwert,
Fahnenschwert, Schleierschwanz,
Fächerschwanz, Triangelschwanz.

Name	**Black Molly** (*Poecilia sphenops*)
Heimat	Mexiko bis Venezuela
Größe (ausgewachsen)	6 cm
Geschlechtsunterschied	Das Männchen ist kleiner, hat Gonopodium.
Aquarienhaltung	Einfache Ansprüche an Wasser und Ernährung.
Wasserbeschaffenheit	Temperatur: 22–28° C pH: 7,5-8,2 dGH: 18-30°
Futter	TetraMin, TetraPhyll, TetraTips.
Wichtig zu wissen	Der sehr beliebte Black Molly ist eine Zuchtform der bläulich schimmernden, mit silbergrünlichem Glanz versehenen Naturform. Es existieren auch ge- scheckte Formen. Vermehrt sich leicht im Gesell- schaftsaquarium, wenn die Jungfische während der ersten Lebenstage Verstecke finden und ihnen ständig Futter zur Verfügung steht. Die Fische lieben viel Licht und Wärme. Eine Schwimmpflanzenecke aus Wasserfarn erleichtert die Jungfischaufzucht.

159

Name	**Schwarzer Leierschwanz-Molly** *(Poecilia sphenops)*
Heimat	Zuchtform
Größe (ausgewachsen)	6 cm
Geschlechtsunterschied	Das Männchen ist kleiner, hat Gonopodium.
Aquarienhaltung	Einfache Ansprüche an Wasser und Ernährung.
Wasserbeschaffenheit	Temperatur: 24–28° C pH: 7,0-8,5 dGH: 15-30°
Futter	TetraMin, TetraPhyll, TetraTips.
Wichtig zu wissen	Diese Zuchtform ist etwas wärmebedürftiger als die vorgenannte Art und bedarf liebevoller Fütterung. Während des Wachstums häufig füttern. Hartes Wasser (Meersalz 1-2g/l) ist für gute Entwicklung förderlich. – Ausgewachsene Tiere sind ziemlich anspruchslos.

Name	**Grüner Schwertträger** *(Xiphophorus helleri)*
Heimat	Mexiko, Guatemala
Größe (ausgewachsen)	8 cm
Geschlechtsunterschied	Männchen mit schwertartiger Verlängerung der Schwanzflosse, hat Gonopodium.
Aquarienhaltung	Einfache Ansprüche an Wasser und Ernährung.
Wasserbeschaffenheit	Temperatur: 20–26° C pH: 7,0-8,3 dGH: 12-30°
Futter	TetraTips, TetraMin, TetraPhyll.
Wichtig zu wissen	Wildform. – Sehr schöner, dankbarer und anspruchsloser Aquariumfisch, welcher sich gut für das Gesellschaftsaquarium und für den Anfänger eignet. Männchen umspielen gewandt die Weibchen, wobei sie öfter rückwärts schwimmen. Friedlich. Prachtvolle, große Tiere entwickeln sich nur bei einer sorgfältigen Filterpflege, häufigem Frischwasserzusatz und liebevoller Fütterung. Zur Aufzucht brauchen Jungfische regelmäßig Artemia.

Name	**Roter Schwertträger** *(Xiphophorus helleri)*
Heimat	Zuchtform
Größe (ausgewachsen)	8 cm
Geschlechtsunterschied	Männchen mit schwertartiger Verlängerung der Schwanzflosse, hat Gonopodium.
Aquarienhaltung	Einfache Ansprüche an Wasser und Ernährung.
Wasserbeschaffenheit	Temperatur: 22–26° C pH: 7,0-8,3 dGH: 12-30°
Futter	TetraTips, TetraMin, TetraPhyll.
Wichtig zu wissen	Eine der beliebtesten der zahlreichen Zuchtformen der Schwertträger. Bei allen geschlechtsreifen Weibchen dieser Art und ihren Zuchtformen ist ein dunkel scheinender Trächtigkeitsfleck auf der hinteren Körperhälfte deutlich erkennbar. Dekorativer Fisch für das Gesellschaftsaquarium.

Name	**Simpson-Schwertträger** *(Xiphophorus helleri)*
Heimat	Zuchtform
Größe (ausgewachsen)	8 cm
Geschlechtsunterschied	Siehe Grüner Schwertträger.
Aquarienhaltung	Einfache Ansprüche an Wasser und Ernährung.
Wasserbeschaffenheit	Temperatur: 22–26° C pH: 7,0-8,3 dGH: 12-30°
Futter	TetraMin, TetraPhyll, TetraTips.
Wichtig zu wissen	Wie vorgeschriebene Formen. Die *Xiphophorus*-Arten eignen sich besonders für genetische Versuche und Beobachtungen. Alle Formen sind untereinander kreuzbar und liefern fruchtbare Nachkommen. Die Zuchtformen haben allgemein nicht die Robustheit der Stammform. Jungtiere deshalb gesondert unterbringen.

163

Name	**Roter Platy, Korallenplaty** *(Xiphophorus maculatus)*
Heimat	Mexiko, Guatemala
Größe (ausgewachsen)	5 cm
Geschlechtsunterschied	Männchen hat Gonopodium.
Aquarienhaltung	Einfache Ansprüche an Wasser und Ernährung.
Wasserbeschaffenheit	Temperatur: 22–26° C pH: 7,0-8,2 dGH: 10-25°
Futter	TetraMin, TetraPhyll, TetraTips.
Wichtig zu wissen	Bei den im Aquarium gepflegten reinfarbigen Platys handelt es sich vorwiegend um Zuchtformen. Hübsche, anspruchslose Fische, welche sich gut zur Vergesellschaftung mit allen möglichen Arten eignen. Besonders beliebt ist der Rote oder Korallenplaty, als Farbkontrast zum Pflanzengrün und zum Black Molly.

Name	**Papageienplaty** *(Xiphophorus variatus)*
Heimat	Mexiko
Größe (ausgewachsen)	6 cm
Geschlechtsunterschied	Männchen hat Gonopodium.
Aquarienhaltung	Einfache Ansprüche an Wasser und Ernährung.
Wasserbeschaffenheit	Temperatur: 18–24° C pH: 7,0-8,3 dGH: 15-30°
Futter	TetraMin, TetraPhyll, TetraTips.
Wichtig zu wissen	Abgebildet ist die Stammform, die nur noch manchmal im Handel zu haben ist. Der Hauptgrund dafür ist, daß die prachtvolle Ausfärbung der zunächst grauen Jungfische sich erst nach acht bis zwölf Monaten vollzieht, wenn die Tiere schon fast ausgewachsen sind. Die grauen Jungfische lassen sich schlecht verkaufen, weil der Käufer meist nicht ahnt was „drinsteckt".

Name	**Schwarzer Papageienplaty** *(Xiphophorus variatus)*
Heimat	
Größe (ausgewachsen)	6 cm
Geschlechtsunterschied	Männchen hat Gonopodium.
Aquarienhaltung	Einfache Ansprüche an Wasser und Ernährung.
Wasserbeschaffenheit	Temperatur: 18–24° C pH: 7,0-8,3 dGH: 15-30°
Futter	TetraMin, TetraPhyll, TetraTips.
Wichtig zu wissen	Ähnlich der Stammform des Papageienplaty. – Alle Formen der Art kümmern ohne ständige Pflanzenkost und wenn zu warm gehalten. Schwankungen bis ausnahmsweise herunter auf 15° C (bis 12° C) werden gut vertragen. Die Art weicht damit von den anderen *Xiphophorus*-Arten ab und sollte nicht wahllos mit anderen wärmeliebenden Fischarten vergesellschaftet werden.

Name	**Zwergkärpfling** *(Heterandria formosa)*
Heimat	Südkarolina bis Florida (Nordamerika)
Größe (ausgewachsen)	2 cm
Geschlechtsunterschied	Das Männchen ist kleiner, mit Gonopodium (Begattungsorgan).
Aquarienhaltung	Nicht schwierig, aber Ernährungshinweise beachten.
Wasserbeschaffenheit	Temperatur: 20–26° C pH: 6,8-7,5 dGH: 5-20°
Futter	TetraMin, Tetra FD-Menü, Artemia.
Wichtig zu wissen	Der kleinste Zierfisch und eines der kleinsten Wirbeltiere überhaupt. Sehr kleine Aquarien mit teilweise dichter Bepflanzung sind ausreichend. Harmlos und anspruchslos. Wegen der geringen Größe nur bedingt für das Gesellschaftsaquarium geeignet, verliert sich darin. Während einer Periode von etwa 8 Tagen werden täglich zwei bis drei Jungfische geboren, dies wiederholt sich alle vier bis fünf Wochen.

Gruppe 7

Unterordnung Siluroidei
Welse

Von den vielen Familien und Gattungen aus dem Reich der Welse fanden nur verhältnismäßig wenige Arten in den Liebhaber-Aquarien einen dauernden Platz; manche wegen ihrer bizarren, oft grotesken Gestalt, andere wegen ihrer Possierlichkeit oder wegen ihrer Nützlichkeit als Restevertilger.

Die vielen räuberischen Welsarten, die es gibt, konnten verständlicherweise nicht das Herz der Aquarianer gewinnen.

Welse sind schuppenlose Fische, seltener hautnackt, meist mit Knochenplatten bedeckt.

Die meisten sind ausgesprochene Bodengrundfische, wo sie unermüdlich, manche Arten hauptsächlich nachts, nach Freßbarem suchen und dem Mulm durchkauen. Insbesondere die Panzerwelse benötigen weichen, feinsandigen Bodengrund, wenigstens in dem Teil des Aquariums, wo gefüttert wird. Alle Arten haben Barteln, die als Tast- und Geruchsorgane dienen. Auf hartem Kies reiben sie sich diese Tastorgane ab, wodurch sie regelrecht zu Krüppeln werden. Dem Zweck dieser Schrift entsprechend werden hier nur diejenigen Arten vorgestellt, die sich für ein Gesellschaftsaquarium eignen und nicht solche, die als interessante Studienobjekte in die Hand des Spezialisten gehören.

In einem Gesellschaftsaquarium mit ein- oder zweimaliger Fütterung täglich geht es den Welsen nicht gut. Dies ist natürlich auch bei vielen anderen Fischarten außer den Welsen der Fall, aber an dieser Stelle sei es einmal besonders ausgesprochen: Nicht alles haben wollen, sondern sich auf die Fisch beschränken, denen man den gegebenen Verhältnissen und Kenntnissen entsprechend auch die notwendigen Voraussetzungen für ein befriedigendes Dasein bieten kann. Es gibt ja so viele lebhafte, farbige und auch interessante Fischarten, die leicht zufriedenzustellen sind, viel Abwechslung beim Betrachten bieten und ein Wohnzimmer-Aquarium schmücken und unterhaltsam machen.

Wer Welse pflegen will, muß ihnen auch Beachtung in der Fütterung schenken, z.B. täglich TabiMin-Tabletten.

Die nachfolgend gezeigten Arten sind folgenden Familien zuzuordnen:

Ariidae	Kreuzwelse	
Aspredinidae	Bratpfannenwelse	
Callichthyidae	Schwielenwelse	(C)
Loricariidae	Harnischwelse	(Lo)
Mochocidae	Fiederbartwelse	(M)
Pimelodidae	Antennenwelse	
Schibeidae	Glaswelse	(S)

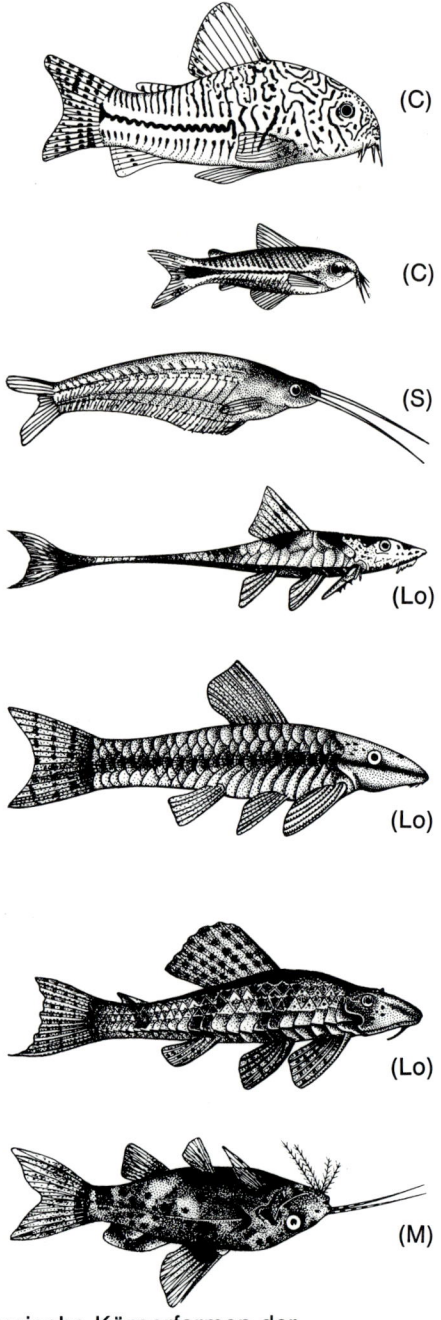

(C)

(C)

(S)

(Lo)

(Lo)

(Lo)

(M)

Typische Körperformen der Fischgruppe 7

Name	**Westamerikanischer Kreuzwels, „Minihai"** *(Arius seemani)*
Heimat	Von Kalifornien über Mexiko bis Kolumbien in pazifischen Zuflüssen.
Größe (ausgewachsen)	28-30 cm
Geschlechtsunterschied	Bei Jungtieren nicht erkennbar. Alte, laichreife Weibchen sind deutlich voller im Bauch als die Männchen.
Aquarienhaltung	Verlangt viel Fürsorge in Ernährung und Pflege.
Wasserbeschaffenheit	Temperatur: 22–26° C pH: 7,0-8,0 dGH: bis 30°
Futter	Flockenfutter von der Wasseroberfläche, TetraTips und TabiMin, jedes Lebendfutter.
Wichtig zu wissen	Fischarten mit haiähnlichem Aussehen haben schon lange die Aquarianer zum Kauf gelockt. Diese Art ist als Jungfisch recht genügsam, später braucht sie mehr Aufmerksamkeit in der Pflege, z.B. Salzzusatz von 2%. Das macht die Tiere ab einer Länge von 12-15 cm für das normale Gesellschaftsaquarium weniger geeignet. Über eine gelungene Zucht ist nichts bekannt. Wahrscheinlich laichen die Tiere im Brackwasser.

169

Name	**Laubwels** *(Bunocephalus knerii)*
Heimat	Überschwemmungsgewässer des Amazonasgebietes im Regenwald (Südamerika)
Größe (ausgewachsen)	8 cm
Geschlechtsunterschied	Sind nicht erkennbar
Aquarienhaltung	Nicht schwierig, Ansprüche an Wasserbeschaffenheit und Aquariendekoration.
Wasserbeschaffenheit	Temperatur: 20–26° C pH: 5,8-7 dGH: 3-8°
Futter	Tetra TabiMin, TetraTips FD, TetraDelica Rote Mückenlarven, Tiefkühlkost.
Wichtig zu wissen	Die Tiere sind lichtempfindlich und benötigen gut bepflanzte Aquarien mit Versteckmöglichkeiten. Eine Sandecke zum „Verbuddeln" sollte eingerichtet werden. Eine Schwimmpflanzendecke zur Lichtminderung ist von Vorteil. Sonst ist die Art genügsam und friedlich und kann mit allen ruhigen Fischen vergesellschaftet werden.

Name	**Metallpanzerwels** *(Corydoras aeneus)*
Heimat	Venezuela, Trinidad bis La Plata
Größe (ausgewachsen)	6 cm
Geschlechtsunterschied	Männchen größer und spitzere Rückenflosse.
Aquarienhaltung	Einfache Ansprüche an Wasser und Ernährung.
Wasserbeschaffenheit	Temperatur: 22–28° C pH: 6,0-8,0 dGH: 2-25°
Futter	TetraMin, TetraPhyll, TetraTips, TabiMin.
Wichtig zu wissen	Friedlicher, possierlicher Bodenfisch, ist gern in Gesellschaft von Artgenossen. Holt, wie die anderen *Corydoras*-Arten, Luft von der Wasseroberfläche (Darmatmung), bevorzugt Sand- und Mulmbodenteile zum Gründeln, wühlt dabei etwas den Mulm auf. Fast alle *Corydoras*-Arten sind in geringer Zahl gut für das Gesellschaftsaquarium geeignet und, da Allesfresser, gute Resteverwerter. Zucht möglich.

171

Name	**Stromlinien-Panzerwels** *(Corydoras arcuatus)*
Heimat	Amazonasgebiet
Größe (ausgewachsen)	6 cm
Geschlechtsunterschied	Männchen größer und spitzere Rückenflosse.
Aquarienhaltung	Einfache Ansprüche an Wasser und Ernährung.
Wasserbeschaffenheit	Temperatur: 22–28° C pH: 6,0-8,0 dGH: 2-25°
Futter	TetraMin, TetraPhyll, TetraTips, TabiMin.
Wichtig zu wissen	Friedlicher Bodenfisch, ist gern in Gesellschaft von Artgenossen. Man sollte die kleinen Panzerwelse in gemischtem Artenschwarm halten. Zucht möglich, Haftlaicher an Steinen wie die anderen *Corydoras*-Arten. Die Aufzucht der jungen *Corydoras* macht viel Freude. Geeignetes feines Lebendfutter für die Aufzucht ist erforderlich.

Name	**Sichelfleck-Panzerwels** *(Corydoras hastatus)*
Heimat	Amazonasgebiet
Größe (ausgewachsen)	3 cm
Geschlechtsunterschied	Schwer unterscheidbar.
Aquarienhaltung	Nicht schwierig, aber Ernährungshinweise beachten.
Wasserbeschaffenheit	Temperatur: 24–28° C pH: 6,0-7,8 dGH: 2-25°
Futter	TetraMin, TetraOvin, TetraTips, Tetra FD-Menü, Artemia.
Wichtig zu wissen	Kleiner und niedlicher Panzerwels, sehr lebhaft, schwimmt gern frei im Schwarm. Dieser Fisch sollte in keinem kleinen Gesellschaftsaquarium fehlen. Liebt älteres, aber nicht nitratreiches Wasser, deshalb gelegentlich Frischwasserzusatz (AquaSafe). Zucht möglich. Oft verwechselt mit *C. pygmaeus,* dem selteneren Zwergpanzerwels.

173

Name	**Schwarzbinden-Panzerwels** *(Corydoras melanistius)*
Heimat	Britisch-Guayana, wahrscheinlich auch Amazonas-Gebiet (Zuflüsse des Madeira)
Größe (ausgewachsen)	6 cm
Geschlechtsunterschied	Unbekannt.
Aquarienhaltung	Einfache Ansprüche an Wasser und Ernährung.
Wasserbeschaffenheit	Temperatur: 22–28° C pH: 6,0-8,0 dGH: 2-25°
Futter	TetraMin, TabiMin, TetraTips.
Wichtig zu wissen	Als Bodenbewohner geeignet für Gesellschafts-aquarien. Bodengrund feiner dunkler Sand. Die *Corydoras*-Arten finden sich meist in kleinen Bächen und mittelgroßen Flüßchen in der flachen, ruhigeren Uferzone. Sie leben immer truppweise zusammen. Oft kommen zwei oder mehrere Arten nebeneinander vor, im Schwarm halten sich die Arten jedoch getrennt.

Name	**Punktierter Panzerwels** (*Corydoras paleatus*)
Heimat	Südliches Brasilien, La Plata
Größe (ausgewachsen)	6 cm
Geschlechtsunterschied	Männchen mit hoher, gekerbter Rückenflosse.
Aquarienhaltung	Einfache Ansprüche an Wasser und Ernährung.
Wasserbeschaffenheit	Temperatur: 20–26° C pH: 6,0-8,0 dGH: 2-25°
Futter	TetraMin, TabiMin, TetraTips.
Wichtig zu wissen	Ausdauerndster und härtester der Panzerwelse, sonst wie vorher beschriebene Arten. Man achte darauf, daß *Corydoras*-Arten nicht auf scharfkantigem Kies gehalten werden, da sie sonst die Barteln leicht beschädigen. – Zucht möglich.

Name	**Zwergpanzerwels** *(Corydoras pygmaeus)*
Heimat	Amazonas-Gebiet
Größe (ausgewachsen)	2,5 cm
Geschlechtsunterschied	Unbekannt.
Aquarienhaltung	Verlangt viel Fürsorge in Ernährung und Pflege.
Wasserbeschaffenheit	Temperatur: 24–28° C pH: 6,0-8,0 dGH: 2-25°
Futter	TetraMin, Tetra FD-Menü, TetraTips, Artemia.
Wichtig zu wissen	Diese seltene *Corydoras*-Zwergart ähnelt im Verhalten *C. hastatus.* Diese beiden Arten schwimmen, abweichend von den anderen *Corydoras*, auch einmal in den mittleren Wasserschichten. Die Vergesellschaftung mit größeren Fischen ist nicht ratsam, da die kleinen Kerlchen als Beute betrachtet werden könnten und häufig gejagt werden.

Name	**Leopard-Panzerwels** (*Corydoras trilineatus*)
Heimat	Kleinere Zuflüsse des mittleren Amazonas
Größe (ausgewachsen)	7 cm
Geschlechtsunterschied	Schwer unterscheidbar.
Aquarienhaltung	Einfache Ansprüche an Wasser und Ernährung.
Wasserbeschaffenheit	Temperatur: 22–28° C pH: 6,0-8,0 dGH: 2-25°
Futter	TetraMin, TetraPhyll, TetraTips, TabiMin.
Wichtig zu wissen	Ebenfalls lebhafter Bodenfisch, der gern im Schwarm lebt, sonst wie zuvor beschriebene Art. Zucht nur selten geglückt. Die sehr ähnliche Art *C. julii* vom unteren Amazonas ist nur selten im Handel.

177

Name	**Blauer Antennenwels** *(Ancistrus dolichopterus)*
Heimat	Klare Bäche und Zuflüsse des Amazonas (Südamerika)
Größe (ausgewachsen)	13 cm
Geschlechtsunterschied	Männchen deutlich größer als das Weibchen und mit geweihartigen Auswüchsen am Kopf.
Aquarienhaltung	Einfache Ansprüche an Wasser und Ernährung.
Wasserbeschaffenheit	Temperatur: 22–27° C pH: 6,5-7,5 dGH: 5-20°
Futter	TetraTips, TetraMin, Erbsen und Algen. **Abends füttern!**
Wichtig zu wissen	Die Tiere sind genügsam und pflegeleicht. Sie benötigen jedoch gut gefiltertes Wasser und einige Höhlenverstecke aus Moorkienholz oder Steinen. Die Zucht ist einfach. Die orangefarbenen Eier werden in einer Höhle abgelegt. Das Männchen bewacht das Gelege. Aufzucht mit Algen, gequetschten Erbsen, TetraTips und MikroMin.

Name	**Punktierter Schilderwels** *(Hypostomus punctatus)*
Heimat	Brasilien
Größe (ausgewachsen)	bis 20 cm
Geschlechtsunterschied	Unbekannt
Aquarienhaltung	Einfache Ansprüche an Wasser und Ernährung.
Wasserbeschaffenheit	Temperatur: 20–26° C pH: 5,8-7,5 dGH: bis 25°
Futter	TetraTips
Wichtig zu wissen	Friedlicher, merkwürdiger und interessanter Boden-fisch, meistens scheu und in der Nacht fressend. Liebt dunkle Pflanzen- und Wurzelverstecke, ruht auf Steinen, Pflanzenblättern oder am Boden. Wühlt bei der Futtersuche wenig. Fortpflanzung nicht be-kannt.

179

Name	**Gebänderter Saugwels** *(Otocinclus vittatus)*
Heimat	Brasilien
Größe (ausgewachsen)	4 cm
Geschlechtsunterschied	Das Weibchen ist runder als das Männchen.
Aquarienhaltung	Einfache Ansprüche an Wasser und Ernährung.
Wasserbeschaffenheit	Temperatur: 20–26° C ph: 5,5-7,2 dGH: bis 15°
Futter	TetraMin, TetraPhyll, TetraTips.
Wichtig zu wissen	Friedliches, possierliches Kerlchen, das meist algensaugend über breitblättrige Pflanzen oder Aquarienscheiben rutscht. Liebt Versteckmöglichkeiten in dichter Bepflanzung. Mit friedlichen Fischen im Gesellschaftsaquarium gut haltbar.

Name	**Hexenwels** *(Rineloricaria microlepidogaster)*
Heimat	Paraguay, La Plata
Größe (ausgewachsen)	12 cm
Geschlechtsunterschied	Männchen mit Borstenbesatz an den Kopfseiten.
Aquarienhaltung	Nicht schwierig
Wasserbeschaffenheit	Temperatur: 22–28° C pH: 5,8-6,8 dGH: bis 15°
Futter	TetraMin, TetraTips.
Wichtig zu wissen	Friedlicher, interessant geformter, anspruchsloser Bodenfisch. Liebt Ruhe. Bewegt sich tagsüber kaum, sucht nachts das ganze Aquarium nach Futterresten ab. Wühlt oberflächlich, liebt dunkle, aber nicht zu dichte Pflanzenbestände und Wurzelhöhlen. Für Gesellschaftsaquarien mit wenigen Fischen geeignet. Laicht in engen Höhlen, brutpflegend.

Fischfänger in einem brasilianischen Welsbiotop

Name	**Rückenschwimmender Kongowels** *(Synodontis nigriventris)*
Heimat	Afrika: Kongo
Größe (ausgewachsen)	8 cm
Geschlechtsunterschied	Männchen ist schlanker als das plumpere Weibchen.
Aquarienhaltung	Verlangt viel Fürsorge in Ernährung und Pflege.
Wasserbeschaffenheit	Temperatur: 22–28° C pH: 6,5-7,5 dGH: bis 20°
Futter	TetraMin, TetraTips.
Wichtig zu wissen	Friedlicher, oft rückenschwimmender Schwarm-fisch. Versteckt lebend, stets nur in der Dunkelheit aktiv. Auch Einzelhaltung möglich. Im Gesell-schaftsaquarium nur mit größeren Fischen zu hal-ten. Bevorzugt Höhlen, dunkle Plätze unter Wurzeln und Steinen oder großblättrigen Pflanzen. Der Fisch ist anspruchslos, ausdauernd und recht interessant zu beobachten. Die Fortpflanzung ist wenig bekannt, wahrscheinlich Haftlaicher in Höhlen, z. B. Blumen-töpfen. Aufzucht unbekannt.

Name	**Engelantennenwels** *(Pimelodus pictus)*
Heimat	Kolumbien (Südamerika)
Größe (ausgewachsen)	11 cm
Geschlechtsunterschied	Nicht sichtbar.
Aquarienhaltung	Nicht schwierig, aber Ernährungshinweise beachten.
Wasserbeschaffenheit	Temperatur: 22–25° C pH: 5,8-7,5 dGH: 6-15°
Futter	Flockenfutter, TabiMin und TetraTips, Tetra FD-Menü. Nur in der Dämmerung füttern.
Wichtig zu wissen	Diese mehr nacht- als tagaktive Art wünscht sich Aquarien mit gedämpftem Licht: Schwimmpflanzendecke und ToruMin als Wasserzusatz. Höhlenverstecke aus Steinholz oder Moorwurzeln sind wünschenswert. Die Fische sind friedlich und belästigen selbst kleinere Fischarten nicht. Jungfische können jedoch als Lebendfutter angesehen werden. Eine kräftige Filterung mit Wasserströmung ist angeraten.

Name	**Indischer Glaswels** *(Kryptopterus bicirrhis)*
Heimat	Indischer Glaswels
Größe (ausgewachsen)	10 cm
Geschlechtsunterschied	Unbekannt
Aquarienhaltung	Verlangt viel Fürsorge in Ernährung und Pflege.
Wasserbeschaffenheit	Temperatur: 22–28° C pH: 6,0-7,5 dGH: 5-15°
Futter	TetraMin, Tetra FD-Menü, vor allem aber Lebendfutter.
Wichtig zu wissen	Empfindlicher, gläsern erscheinender Schwarmfisch. Stets mehrere Exemplare pflegen. Liebt geräumige, nicht zu helle Aquarien mit nicht zu dichtem Pflanzenwuchs. Vergesellschaftung nur mit sehr zarten anderen Arten ratsam. Über Zucht bisher nichts bekannt.

Gruppe 8

Arten aus verschiedenen Familien

In aller Welt dürften derzeit bei 350 Millionen Zierfische von Aquarianern gepflegt werden. Über die Hälfte dieser Zahl fallen auf nur 25 Arten und über dreiviertel auf nur 50 Arten und Formen.

Viele Aquarienbesitzer kennen die Namen und Familienzugehörigkeit ihrer Fische gar nicht, was zu bedauern, aber nicht verwunderlich und zu verstehen ist. Sinn und Zweck der vorliegenden Schrift ist es, einen Beitrag zu leisten, dem abzuhelfen durch Interesse erweckende Darstellung in Bild und Wort und übersichtliche Einordnung.

Wie bereits eingangs (S. 6) erwähnt, bleibt nur ein kleiner Rest häufiger gepflegter Arten, die nicht in eine der bis hierher vorgestellten sieben Hauptgruppen einzuordnen sind. Die meisten, die nun noch folgen, sind seltener anzutreffende Fische.

Man könnte in dem hier begrenzten Rahmen fast auf ihre Darstellung verzichten. Es sind aber einige recht interessante Formen darunter, über die der Aquarianer Bescheid wissen sollte, wenn ihm diese im aquaristischen Fachgeschäft begegnen, sei es, um ihn im Kauf anzuregen oder, um ihm und den Tieren die Folgen einer falschen Wahl zu ersparen.

Diese Arten sind folgenden elf Familien zuzuordnen:

Atherinidae	Ährenfische	(At)
Centropomidae	Glasbarsche	(Cp)
Exocoetidae	Flugfischverwandte	(Ex)
Gobiidae	Grundeln	(Go)
Mastacembelidae	Stachelaale	(Ma)
Melanotaeniidae	Regenbogenfische	(Me)
Monodactylidae	Flossenblätter	(Mo)
Mormyridae	Nilhechte	(Mm)
Pantodontidae	Schmetterlingsfische	(Pa)
Scatophagidae	Argusfische	(Sc)
Tetraodontidae	Kugelfische	(Te)

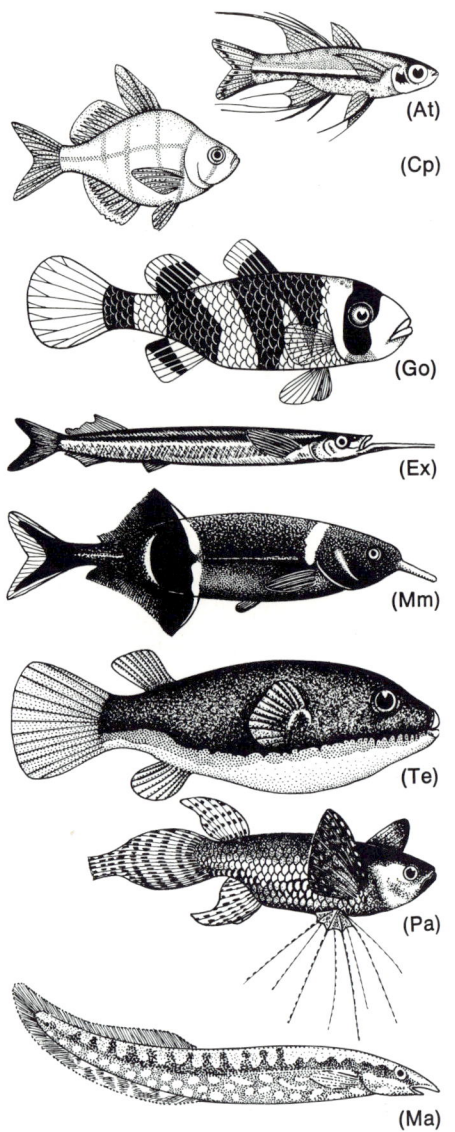

(At)

(Cp)

(Go)

(Ex)

(Mm)

(Te)

(Pa)

(Ma)

Typische Körperformen der Fischgruppe 8

186

Name	**Rotschwanz-Ährenfisch** *(Bedotia geayi)*
Heimat	Madagaskar
Größe (ausgewachsen)	8 cm
Geschlechtsunterschied	Männchen mit dunkelroten Flossensäumen.
Aquarienhaltung	Einfache Ansprüche an Wasser und Ernährung.
Wasserbeschaffenheit	Temperatur: 22–26° C pH: 7-8 dGH: 10-20°
Futter	TetraMin, Tetra Rote Mückenlarven FD.
Wichtig zu wissen	Recht lebhafter, eigenartiger Schwarmfisch, für Gesellschaftsaquarien gut geeignet. Liebt viel freien Schwimmraum in möglichst langgestreckten Aquarien mit Hintergrund- und Randbepflanzung. Wird leider recht groß. Liebt hartes Wasser und häufigen Fischwasserzusatz. Freilaicher. Zucht und Aufzucht leicht.

Name	**Sonnenstrahlfisch** *(Telmatherina ladigesi)*
Heimat	Celebes
Größe (ausgewachsen)	7 cm
Geschlechtsunterschied	Männchen mit langen ersten Strahlen der Rücken- und Afterflosse.
Aquarienhaltung	Nur für erfahrene Aquarianer empfehlenswert, besondere Ansprüche der Wasserbeschaffenheit und Ernährung.
Wasserbeschaffenheit	Temperatur: 22–26° C pH: 7,2-8,0 dGH: 12-30°
Futter	TetraMin, Tetra FD-Menü, Artemia.
Wichtig zu wissen	Lebhafter, anmutiger Schwarmfisch. Bewohnt mittlere Wasserschichten und liebt viel freien Schwimmraum. Empfindlich gegen weiches und altes Wasser (häufiger Frischwasserzusatz). Etwas für Kenner! Je härter das Wasser, desto besser. Bei Wasser unter 20°d Karbonathärte Meersalzzusatz (5-10 g/10 l). Daher für Gesellschaftsaquarien nur bedingt geeignet, empfindlich gegen Parasiten.

Name	**Indischer Glasbarsch** *(Chanda ranga)*
Heimat	Vorderindien, Birma, Thailand
Größe (ausgewachsen)	4 cm
Geschlechtsunterschied	Deutlich erkennbare Schwimmblase, beim Männchen hinten spitz, beim Weibchen rund.
Aquarienhaltung	Verlangt viel Fürsorge in Ernährung und Pflege.
Wasserbeschaffenheit	Temperatur: 18–25° C pH: 7,0-8,0
Futter	TetraMin, Tetra FD-Menü, vorwiegend Lebendfutter.
Wichtig zu wissen	Friedlicher, sehr zart erscheinender, jedoch etwas scheuer Schwarmfisch, der nur mit friedlichen und ruhigen, kleinen Fischen vergesellschaftet werden sollte. Bevorzugt Pflanzendickichte, jedoch auch freien Schwimmraum und dunklen Bodengrund. Bewohnt die mittleren Wasserschichten. Haftlaicher zwischen Pflanzen. Zucht möglich, jedoch Aufzucht schwierig. Wünscht Brackwasser. Salzzugabe 10-20 g/10 l.

189

Name	**Halbschnabelhecht** *(Dermogenys pusillus)*
Heimat	Thailand, Malaya, Große Sundainseln
Größe (ausgewachsen)	7 cm
Geschlechtsunterschied	Das Männchen mit teilweise zum Begattungs-organ umgeformter Afterflosse.
Aquarienhaltung	Verlangt viel Fürsorge in Ernährung und Pflege.
Wasserbeschaffenheit	Temperatur: 24–28° C pH: um 7,0 dGH: bis 10°
Futter	TetraMin, Tetra FD-Menü, Lebendfutter (Fluginsekten).
Wichtig zu wissen	Oberflächenfisch, der räuberisch vor allem Insek-ten, jedoch auch kleinen Jungfischen nachstellt. Sonst für Gesellschaftsaquarien geeignet. Am besten mehrere Tiere halten. Bevorzugt lichte Schwimmpflanzendecke. Lebhafter Schwimmer, der aber häufig stillstehend ausruht. – Männchen ist streitsüchtig – werden in ihrer Heimat zu Wettkämp-fen verwendet – schreckhaft. Lebendgebärend. Meersalzzusatz für die Zucht förderlich, da auch im Brackwasser vorkommend (10-15 g Salz pro 10 Ltr. Wasser). Pflanzen vertragen diesen hohen Salzge-halt nicht gut.

Name	**Gürtelstachelaal** *(Mastacembelus circumcinctus)*
Heimat	Südostasien
Größe (ausgewachsen)	25 cm
Geschlechtsunterschied	Das Weibchen ist kräftiger.
Aquarienhaltung	Verlangt viel Fürsorge in Ernährung und Pflege.
Wasserbeschaffenheit	Temperatur: 23–28° C pH: um 7,0 dGH: bis 15°
Futter	Lebendfutter, TetraMin GF, TetraTips.
Wichtig zu wissen	Die Stachelaale werden im Aquarium manchmal zutraulich. Sonst führen sie ein verstecktes Leben im Bodengrund und kommen nur in der Dämmerung und nachts zum Fressen heraus. Im Gesellschaftsaquarium nur mit größeren Fischen zu halten. Feiner Sand zum Einbuddeln oder Blumentopf als Höhle bieten. Meersalzzugabe von 5 g pro 10 l Wasser ist angeraten; ebenso regelmäßige Frischwasserzugabe mit AquaSafe.

191

Name	**Boesemann's Regenbogenfisch** *(Melanotaenia boesemani)*
Heimat	Neuguinea (Irian-Jaya = westlicher Teil der Insel)
Größe (ausgewachsen)	10 cm
Geschlechtsunterschied	Das Männchen ist hochrückiger und wesentlich kräftiger gefärbt.
Aquarienhaltung	Nicht schwierig, Ernährungshinweise beachten.
Wasserbeschaffenheit	Temperatur: 27–30° C pH: 7,5-9,0 dGH: 7-18°
Futter	TetraMin, TetraRubin, TetraDelica Rote Mückenlarven
Wichtig zu wissen	Diese prächtige Art wird glücklicherweise bei uns nachgezüchtet. In der Natur ist die Art selten. Sie wird erst ab etwa ein Jahr so farbenprächtig wie auf dem Foto. Dieser Schwarmfisch sollte stets zu 3-7 Exemplaren vergesellschaftet werden mit anderen friedlichen Fischen. Die Tiere sind flink und gute Springer, daher Aquarium stets sorgfältig abdekken. Die Art (Dauerlaicher) ist leicht zu züchten, wenn man genügend Aufzuchtfutter (Infusorien) zur Verfügung hat. Mäßige Bepflanzung mit feinfiedrigen Pflanzen.

Name	**Kleiner Regenbogenfisch** *(Melanotaenia macculochii)*
Heimat	Nordaustralien
Größe (ausgewachsen)	7 cm
Geschlechtsunterschied	Das Männchen ist farbiger und hochrückiger als das Weibchen.
Aquarienhaltung	Einfache Ansprüche an Wasser und Ernährung.
Wasserbeschaffenheit	Temperatur: 20–26° C pH: 7,5-8 dGH: 10-30°
Futter	Tetra, TetraRubin.
Wichtig zu wissen	Sehr lebhafter, bunt gezeichneter und friedlicher Schwarmfisch. Genügsam und ausdauernd. Haltung im Gesellschaftsaquarium gut möglich. Liebt freien Schwimmraum in den mittleren und oberen Wasserschichten. Wahlweise Hintergrund- und Randbepflanzung. Liebt häufigen Frischwasserzusatz, bevorzugt hartes Wasser. Freilaicher. Zucht leicht möglich. Im schwach besetzten, größerem Aquarium erhält man oft Nachzucht ohne Zutun.

Name	**Silberflossenblatt** *(Monodactylus argenteus)*
Heimat	Küsten Südasiens, Ostafrikas, Rotes Meer
Größe (ausgewachsen)	12 cm
Geschlechtsunterschied	Unbekannt
Aquarienhaltung	Nur für erfahrene Aquarianer empfehlenswert, besondere Ansprüche der Wasserbeschaffenheit und Ernährung.
Wasserbeschaffenheit	Temperatur: 24–28° C ph: 7,5-8,5 dGH: 20-40°
Futter	TetraMin, TetraPhyll, Tetra FD-Menü, Lebendfutter.
Wichtig zu wissen	Schnelle Schwarmfische, die viel freien Schwimmraum brauchen und nur zu mehreren gepflegt werden sollten. – Jungfische bis Fünfmarkstückgröße können in Süßwasser bei geringer Meersalzzugabe (1 g/l) gepflegt werden. Größere Tiere brauchen höhere Salzkonzentration, schließlich ist für ältere Tiere reines Meerwasser zweckmäßig. – Aquarium nicht bepflanzen. – Sehr nitritempfindlich, daher häufiger teilweiser Wasserwechsel mit entsprechender Salz- und AquaSafe-Zugabe angeraten.

Name	**Tapirfisch oder Elefantenrüssler** *(Gnathonemus petersii)*
Heimat	Afrika: Kongo bis Niger
Größe (ausgewachsen)	25 cm
Geschlechtsunterschied	Unbekannt
Aquarienhaltung	Verlangt viel Fürsorge in Ernährung und Pflege.
Wasserbeschaffenheit	Temperatur: 22–28° C ph: 6,5-7,5 dGH: 6-18°
Futter	TetraMin, Lebendfutter, Frostfutter.
Wichtig zu wissen	Gegen andere Arten friedlich, schwächere Artgenossen werden jedoch unterdrückt. Im Aquarium revierbildend. Nachttier, nach Gewöhnung jedoch auch bei Tag aktiv. Dichte Bepflanzung mit Versteckmöglichkeiten. Gründelt nach Futter und wühlt dabei den Boden auf. Feiner Sandboden deshalb unentbehrlich. Für Gesellschaftsaquarien geeignet. Liebt Altwasser bei gelegentlicher Frischwasserzugabe. Zucht bisher nicht gelungen.

Name	**Schmetterlingsfisch** *(Pantodon buchholzi)*
Heimat	Westafrika: Niger bis Kongo
Größe (ausgewachsen)	bis 15 cm
Geschlechtsunterschied	Männchen mit verlängerter Mitte von After- und Schwanzflosse.
Aquarienhaltung	Verlangt viel Fürsorge in Ernährung und Pflege.
Wasserbeschaffenheit	Temperatur: 23–30° C pH: um 6,5 dGH: bis 10°
Futter	TetraMin, Lebendfutter (Mehlwürmer und Insekten).
Wichtig zu wissen	Ausdauernder, friedlicher Oberflächenfisch von ausgefallener Gestalt. **Achtung:** Springt! Daher das Aquarium unbedingt genau abdecken. Haltung im Gesellschaftsaquarium möglich, jedoch keine Vergesellschaftung mit kleineren Fischen, liebt Verstecke unter Schwimmpflanzen. Bevorzugt weiches Wasser, Torffilterung. – Zucht u. Aufzucht schwierig.

Name	**Rotstirn-Argusfisch** *(Scatophagus argus atromaculatus)*
Heimat	Indo-Pazifik (Brackwasser-Zone)
Größe (ausgewachsen)	12 cm
Geschlechtsunterschied	Unbekannt
Aquarienhaltung	Nur für erfahrene Aquarianer empfehlenswert, besondere Ansprüche der Wasserbeschaffenheit und Ernährung.
Wasserbeschaffenheit	Temperatur: 24–28° C pH: 7,5-8,5 dGH: 20-40°
Futter	TetraMin, TetraPhyll, Tetra FD-Menü, Pflanzen.
Wichtig zu wissen	Schwarmfisch von verschiedener Färbung, gegen schwächere Artgenossen manchmal in zu kleinem Aquarium zänkisch. Am besten hält sich der Argusfisch in Brackwasser bis etwa 1% Salzgehalt; aber auch im Meerwasser ist er sehr ausdauernd. Für Süßwasser sind Argusfische nicht zu empfehlen, insbesondere nicht für bepflanzte Becken. Umgewöhnung von Süß- auf Meerwasser oder umgekehrt sollte langsam, innerhalb einer Woche erfolgen. – Sehr nitritempfindlich. – Fortpflanzung bisher nicht bekannt.

197

Name	**Kamm-Kugelfisch** *(Tetraodon lorteti)*
Heimat	Thailand
Größe (ausgewachsen)	6,5 cm
Geschlechtsunterschied	Männchen beim Imponieren mit Rückenkamm (Name); deutlich kontrastreicher und farbiger.
Aquarienhaltung	Verlangt viel Fürsorge in Ernährung und Pflege.
Wasserbeschaffenheit	Temperatur: 22–28° C pH: 6-7,2 dGH: 5-10°
Futter	TetraMin, TetraTips, Lebendfutter (Schnecken).
Wichtig zu wissen	Süßwasserkugelfisch. Für Gesellschaftsaquarien bedingt geeignet, jedoch nicht mit kleinen Fischarten zusammen. Guter Schneckenvertilger. Bevorzugt Posthorn- und Schlammschnecken, keine Turmdeckelschnecken.

198

Name	**Ringel-Kugelfisch** *(Tetraodon steindachneri)*
Heimat	Siam, Sumatra, Kalimantan
Größe (ausgewachsen)	8 cm
Geschlechtsunterschied	Unbekannt
Aquarienhaltung	Verlangt viel Fürsorge in Ernährung und Pflege.
Wasserbeschaffenheit	Temperatur: 22–28° C pH: 7,2-8,5 dGH: 10-25°
Futter	Lebendfutter, Frostfutter, TetraTips, Schnecken.
Wichtig zu wissen	Wie fast alle Brackwasser-Kugelfische braucht auch dieser gelegentlich eine Meersalzzugabe von ca. 4 g Salz pro 10 l Wasser. Haltung der Tiere einzeln, da sie gelegentlich untereinander bissig sind. Sie fressen am liebsten Schnecken, deren Weichteile sie aus dem Gehäuse saugen. Beißt häufig Löcher in Wasserpflanzenblätter, wenn er versucht, durch das Blatt an eine Schnecke heranzukommen. Kein Anfängerfisch.

Name	**Goldringelgrundel** (*Brachygobius xanthozona*)
Heimat	Große Sundainseln
Größe (ausgewachsen)	4,5 cm
Geschlechtsunterschied	Das Weibchen ist meist ziemlich dick.
Aquarienhaltung	Verlangt viel Fürsorge in Ernährung und Pflege.
Wasserbeschaffenheit	Temperatur: 22–28° C pH: 7,5-8,5 dGH: 20-30°
Futter	TetraMin, Lebendfutter, Artemia.
Wichtig zu wissen	Ruhiger, friedlicher Fisch, jedoch nicht für Gesellschaftsaquarien geeignet. Hartes Wasser oder Meersalzzusatz 10-30 g/10 l. Artenaquarium mit Verstecken aus Steinen und Wurzeln. – Haftlaicher in Höhlen. Männchen treibt Brutpflege.

Verzeichnis der Fischnamen wissenschaftlich – deutsch

Die Namen der Fische wurden nach dem Aquarien-Atlas von Dr. Rüdiger Riehl und Hans A. Baensch mit freundlicher Genehmigung des MERGUS VERLAGES auf den aktuellen wissenschaftlichen Stand gebracht.

A
Seite

Acanthophthalmus kuhlii
Geflecktes Dornauge 115
Aequidens curviceps
Tüpfelbuntbarsch 79
Aequidens maronii
Maroni-Buntbarsch 80
Aequidens pulcher
Blaupunktbuntbarsch 81
Ancistrus dolichopterus
Blauer Antennenwels 178
Anomalochromis thomasi
Thomas-Prachtbarsch 82
Anostomus anostomus
Prachtkopfsteher 43
Aphyocharax anisitsi
Rotflossensalmler 47
Aphyosemion australe
Kap Lopez 147
Aphyosemion bivittatum
Gebänderter Prachtkärpfling 148
Aphyosemion gardneri
Nigeria-Prachtkärpfling 149
Apistogramma agassizii
Agassiz – Zwergbuntbarsch 83
Apistogramma borelli
Gelber Zwergbuntbarsch 84
Apistogramma cacatuoides
Kakadu-Zwergbuntbarsch 85
Aplocheilus lineatus
Streifenhechtling 150
Arius seemanni
Westamerikanischer Kreuzwels, „Minihai" . 169
Arnoldichthys spilopterus
Afrikanischer Großschuppensalmler 44
Aulonocara baenschi
Baenschs Malawibuntbarsch 86

B

Balantiocheilus melanopterus
Haibarbe 121
Barbus conchonius
Prachtbarbe 122
Barbus nigrofasciatus
Purpurkopfbarbe 123
Barbus oligolepis
Eilandbarbe 124
Barbus semifasciolutus
Messingbarbe 125
Barbus semifasciolatus „schuberti"
Brokatbarbe 126
Barbus tetrazona
Sumatrabarbe 127
Barbus ticto (Mutation)
Rubinbarbe 128
Barbus titeya
Bitterlingsbarbe 129
Bedotia geayi
Rotschwanz-Ährenfisch 187
Betta splendens
Kampffisch 29/30
Botia helodes
Tigerschmerle 116

Seite

Botia lecontei
Rotflossenprachtschmerle 117
Botia macracanthus
Prachtschmerle 119
Botia sidthimunki
Zwergschmerle 120
Brachydanio albolineatus
Schillerbärbling 130
Brachydanio frankei
Leopard-Danio 131
Brachydanio nigrofasciatus
Tüpfelbärbling 132
Brachydanio rerio
Zebrabärbling 133
Brachygobius xanthozona
Goldringelgrundel 200
Bunocephalus knerri
Laubwels 170

C

Carnegiella strigata fasciata
Gabelbeilbauch 70
Carnegiella strigata strigata
Gestreifter Beilbauch 70
Chanda ranga
Indischer Glasbarsch 189
Chilodus punctatus
Punktierter Kopfsteher 46
Cichlasoma meeki
Feuermaulbuntbarsch 87
Colisa labiosa
Dicklippiger Fadenfisch 35
Colisa lalia
Zwergfadenfisch 36
Colisa sota
Honiggurami 37
Copella arnoldi
Spritzsalmler 72
Corydoras aeneus
Metallpanzerwels 171
Corydoras arcuatus
Stromlinien-Panzerwels 172
Corydoras hastatus
Sichelfleck-Panzerwels 173
Corydoras melanistius
Schwarzbinden-Panzerwels 174
Corydoras paleatus
Punktierter Panzerwels 175
Corydoras pygmaeus
Zwergpanzerwels 176
Corydoras trilineatus
Leopard-Panzerwels 177
**Crossocheilus
(früher Epalzeorhynchus) siamensis**
Siamesischer Algenfresser 135

D

Danio aequipinnatus
Malabarbärbling 134
Dermogenys pusillus
Halbschnabelhecht 190

E

Seite

Epalzeorhynchus (früher Labeo) bicolor
Feuerschwanz 136
Epalzeorhynchus (früher Labeo) frenatus
Grüner Fransenlipper 137
Epalzeorhynchus kallopterus
Schönflossen-Rüsselbarbe 138
Epiplatys dageti
Querbandhechtling 151

G

Gasteropelecus sternicla
Silberbeilbauchfisch 71
Gnathonemus petersii
Tapirfisch, Elefantenrüssler 195
Gymnocorymbus ternetzi
Trauermantelsalmler 48
Gyrinocheilus aymonieri
Algenfresser, Saugschmerle 144

H

Hasemania nana
Kupfersalmler 49
Helostoma temminckii
Küssender Gurami 34
Hemigrammus bleheri
(früher rhodostomus)
Rotkopfsalmler 50
Hemigrammus caudovittatus
Rautenflecksalmler 51
Hemigrammus erythrozonus
Glühlichtsalmler 52
Hemigrammus ocellifer
Schlußlichtsalmler, Laternensalmler 53
Hemigrammus pulcher
Karfunkelsalmler 54
Heros severus
Augenfleckbuntbarsch 88
Heterandria formosa
Zwergkärpfling 167
Hyphessobrycon bentosi bentosi
Schmucksalmler 55
Hyphessobrycon callistus
Blutsalmler 56
Hyphessobrycon erythrostigma
Kirschflecksalmler 57
Hyphessobrycon flammeus
Roter von Rio 58
Hyphessobrycon herbertaxelrodi
Schwarzer Neon 59
Hyphessobrycon pulchripinnis
Zitronensalmler 60
Hypostomus
(früher Plecostomus) punctatus
Punktierter Schilderwels 179

J

Julidochromis ornatus
Gelber Schlankcichlide 89

K

Kryptopterus bicirrhis
Indischer Glaswels 185

L

Seite

Lamprologus brevis
Wangenstrich-Schneckenbuntbarsch . . . 90
Lamprologus brichardi
Gabelschwanz-Tanganjikabarsch,
„Feenbarsch" 91
Lamprologus compressiceps
Wanderbuntbarsch 100
Lamprologus leleupi longior
Langgestreckter Tanganjika-Goldcichlide . 101

M

Macrapodus opercularis
Paradiesfisch 31
Mastacembalus circumicinctus
Gürtelstachelaal 191
Megalamphodus sweglesi
Roter Phantomsalmler 61
Melanochromis auratus
Türkisgoldbarsch 102
Melanotaenia boesemani
Boeseman's Regenbogenfisch 192
Melanotaenia maccullochi
Kleiner Regenbogenfisch 193
Mesonauta festiva
(früher Cichlasoma festivum)
Flaggenbuntbarsch 93
Moenkhausia sanctaefilomenae
Rotaugen-Moenkhausia 62
Monodactylus argenteus
Silberflossenblatt 194

N

Nancara anomala
Glänzender Zwergbuntbarsch 94
Nannobrycon eques
Schrägsteher, Bleistiftfisch 73
Nannostomus beckfordi
Roter Ziersalmler 74
Nannostomus marginatus
Zwergziersalmler 75
Nannostomus trifasciatus
Dreibinden-Ziersalmler 76
Nematobrycon palmeri
Kaisersalmler 63
Nothobranchius rachovi
Prachtgrundkärpfling,
Rachovs Prachtfundulus 153

O

Otocindus vittatus
Gebänderter Saugwels 180

P

Pantodon buchholzi
Schmetterlingsfisch 196
Papiliochromis ramirezi
Schmetterlingsbuntbarsch 95
Paracheirodon (früher Cheirodon) axelrodi
Roter Neonsalmler 65
Paracheirodon innesi
Neonsalmler 67
Pelvicachromis pulcher
Purpurprachtbarsch 96
Pelvicachromis taeniatus
Smaragdprachtbarsch 97
Phenacogrammus interruptus
Blauer Kongosalmler 45

202

Seite

Pimelodus pictus
Engelantennenwels 184
Poecilia latipinna
Breitflossenkärpfling 155
Poecilia melanogaster
Dreifarben Jamaika-Kärpfling 156
Poecilia reticulata
Guppy 157
Poecilia sphenops
Black Molly 159
Poecilia sphenops Zuchtform
Schwarzer Leierschwanz-Molly 160
Poecilia velifera
Segelkärpfling 000
Pristella maxilaris
Sternflecksalmler 68
Pseudocrenilabus multicolor
Kleiner (Vielfarbiger) Maulbrüter 98
Pseudotropheus elongatus
Schmalbarsch 103
Pseudotropheus zebra
Blauer Zebramaulbrüter 104
Pseudotropheus „zebra"
Roter Zebramaulbrüter 000
Pterophyllum scalare
Segelflosser, Skalar 107
Pterophyllum scalare Zuchtformen
Schwarzer Skalar und andere Zuchtformen 108

Thayeria boehlkei
Schrägschwimmer 69
Trichogaster „cosby"
Marmorfadenfisch 41
Trichogaster leeri
Mosaikfadenfisch 39
Trichogaster trichopterus sumatranus
Blauer Fadenfisch 40
Trichopsis pumilus
Knurrender Zwerggurami 32
Trichopsis vittatus
Knurrender Gurami 33
Tropheus duboisi
Weißpunkt – Brabantbuntbarsch 113

X

Xiphophus helleri
Grüner Schwertträger 161
Xiphophorus helleri
Roter Schwertträger 162
Xiphophorus helleri
Simpson – Schwertträger 163
Xiphophorus maculatus
Roter Platy, Korallenplaty 164
Xiphophorus variatus
Papageienplaty 166
Xiphophorus variatus
Schwarzer Papageienplaty 165

R

Rasbora heteromorpha
Keilfleckbarbe 139
Rasbora maculata
Zwergbärbling 140
Rasbora pauciperforata
Rotstreifenbärbling 141
Rasbora trilineata
Glasbärbling 142
Rineloricaria microlepidogaster
Hexenwels 181

S

Scatophagus argus atromaculatus
Argusfisch 197
Sphaerichthys osphromenoides
Schokoladengurami 38
Steatocranus casuarius
Buckelkopf – Cichlide 109
Symphysodon aequifasciata aequifasciata
Grüner Diskus 110
Symphysodon aequifasciata axelrodi
Gelbbrauner Diskus 110
Symphysodon aequifasciata haraldi
Blauer Diskus 110
Synodontis nigriventris
Rückenschwimmender Kongowels 183

T

Tanichthys albonubes
Kardinalfisch 143
Telmaterina ladigesi
Sonnenstrahlenfisch 188
Tetraodon lorteti
(früher Carinotetraodon somphongsi)
Kammkugelfisch 198
Tetraodon steindachneri
Ringel-Kugelfisch 199

Verband Deutscher Vereine für Aquarien-
und Terrarienkunde (VDA) e.V.

Geschäftsstelle Hans Stiller,
Luxemburger Straße 16, 4630 Bochum

Dort erhält man auch die Anschriften der
Deutschen Gesellschaft für
Lebendgebärende Zahnkarpfen (DGLZ)
Deutschen Guppy-Föderation (DGF)
Deutschen Killyfisch-Gemeinschaft (DKG)
Deutschen Cichliden-Gesellschaft (DCG)

Verzeichnis der Fischnamen   deutsch – wissenschaftlich

Die Namen der Fische wurden nach dem Aquarien-Atlas von Dr. Rüdiger Riehl und Hans A. Baensch mit freundlicher Genehmigung des MERGUS VERLAGES auf den aktuellen wissenschaftlichen Stand gebracht.

A
Seite

Afrikanischer Großschuppensalmler
Arnoldichthys spilopterus 44
Agassiz – Zwergbuntbarsch
Apistogramma agassizii 83
Algenfresser, Saugschmerle
Gyrinocheilus aymonieri 144
Argusfisch
Scatophagus argus atromaculatus 197
Augenfleckbuntbarsch
Heros severus 88

B

Baenschs Malawibuntbarsch
Aulonocara baenschi 86
Bitterlingsbarbe
Barbus titeya 129
Black Molly
Poecilia sphenops 159
Blaupunktbuntbarsch
Aequidens pulcher 81
Blauer Antennenwels
Ancistrus dolichopterus 178
Blauer Diskus
Symphysodon aequifasciata haraldi 110
Blauer Fadenfisch
Trichogaster trichopterus sumatranus . . . 40
Blauer Kongosalmler
Phenacogrammus interruptus 45
Blauer Zebramaulbrüter
Pseudotropheus zebra 104
Blutsalmler
Hyphessobrycon callistus 56
Boeseman's Regenbogenfisch
Melanotaenia boesemani 192
Breitflossenkärpfling
Poecilia latipinna 155
Brokatbarbe
Barbus semifasciolatus „schuberti" 126
Buckelkopf – Cichlide
Steatocranus casuarius 109

D

Dicklippiger Fadenfisch
Colisa labiosa 35
Dreibinden-Ziersalmler
Nannostomus trifasciatus 76
Dreifarben Jamaika-Kärpfling
Poecilia melanogaster 156

E

Eilandbarbe
Barbus oligolepis 124
Engelantennenwels
Pimelodus pictus 184

F
Seite

Feuermaulbuntbarsch
Cichlasoma meeki 87
Feuerschwanz
Epalzeorhynchus (früher Labeo) bicolor . . 136
Flaggenbuntbarsch
Mesonauta festiva
(früher Cichlasoma festivum) 93

G

Gabelbeilbauch
Carnegiella strigata fasciata 70
**Gabelschwanz-Tanganjikabarsch,
„Feenbarsch"**
Lamprologus brichardi 91
Gebänderter Prachtkärpfling
Aphyosemion bivittatum 148
Gebänderter Saugwels
Otocindus vittatus 180
Geflecktes Dornauge
Acanthophthalmus kuhlii 115
Gelbbrauner Diskus
Symphysodon aequifasciata axelrodi . . . 110
Gelber Schlankcichlide
Julidochromis ornatus 89
Gelber Zwergbuntbarsch
Apistogramma borelli 84
Gestreifter Beilbauch
Carnegiella strigata strigata 70
Glänzender Zwergbuntbarsch
Nancara anomala 94
Glasbärbling
Rasbora trilineata 142
Glühlichtsalmler
Hemigrammus erythrozonus 52
Goldringelgrundel
Brachygobius xanthozona 200
Grüner Diskus
Symphysodon aequifasciata aequifasciata 110
Grüner Fransenlipper
Epalzeorhynchus (früher Labeo) frenatus . 137
Grüner Schwertträger
Xiphophus helleri 161
Gürtelstachelaal
Mastacembalus circumicinctus 191
Guppy
Poecilia reticulata 157

H

Haibarbe
Balantiocheilus melanopterus 121
Halbschnabelhecht
Dermogenys pusillus 190
Hexenwels
Rineloricaria microlepidogaster 181
Honiggurami
Colisa sota 37

I

Indischer Glasbarsch
Chanda ranga 189
Indischer Glaswels
Kryptopterus bicirrhis 185

204

K
Seite

Kaisersalmler
Nematobrycon palmeri 63
Kakadu-Zwergbuntbarsch
Apistogramma cacatuoides 85
Kammkugelfisch
Tetraodon lorteti
(früher Carinotetraodon somphongsi) . . . 198
Kampffisch
Betta splendens 29/30
Kap Lopez
Aphyosemion australe 147
Kardinalfisch
Tanichthys albonubes 143
Karfunkelsalmler
Hemigrammus pulcher 54
Keilfleckbarbe
Rasbora heteromorpha 139
Kirschflecksalmler
Hyphessobrycon erythrostigma 57
Kleiner (Vielfarbiger) Maulbrüter
Pseudocrenilabus multicolor 98
Kleiner Regenbogenfisch
Melanotaenia maccullochi 193
Knurrender Gurami
Trichopsis vittatus 33
Knurrender Zwerggurami
Trichopsis pumilus 32
Küssender Gurami
Helostoma temminckii 34
Kupfersalmler
Hasemania nana 49

L

Langgestreckter Tanganjika-Goldcichlide
Lamprologus leleupi longior 101
Laubwels
Bunocephalus knerri 170
Leopard-Danio
Brachydanio frankei 131
Leopard-Panzerwels
Corydoras trilineatus 177

M

Malabarbärbling
Danio aequipinnatus 134
Marmorfadenfisch
Trichogaster „cosby" 41
Maroni-Buntbarsch
Aequidens maronii 80
Messingbarbe
Barbus semifasciolutus 125
Metallpanzerwels
Corydoras aeneus 171
Mosaikfadenfisch
Triochogaster leeri 31

N

Neonsalmler
Paracheirodon innesi 67
Nigeria-Prachtkärpfling
Aphyosemion gardneri 149

P
Seite

Papageienplaty
Xiphophorus variatus 166
Paradiesfisch
Macrapodus opercularis 31
Prachtbarbe
Barbus conchonius 122
Prachtgrundkärpfling,
Rachovs Prachtfundulus
Nothobranchius rachovi 153
Prachtkopfsteher
Anostomus anostomus 43
Prachtschmerle
Botia macracanthus 119
Punktierter Kopfsteher
Chilodus punctatus 46
Punktierter Panzerwels
Corydoras paleatus 175
Punktierter Schilderwels
Hypostomus
(früher Plecostomus) punctatus 179
Purpurkopfbarbe
Barbus nigrofasciatus 123
Purpurprachtbarsch
Pelvicachromis pulcher 96

Q

Querbandhechtling
Epiplatys dageti 151

R

Rautenflecksalmler
Hemigrammus caudovittatus 51
Ringel-Kugelfisch
Tetraodon steindachneri 199
Rotaugen-Moenkhausia
Moenkhausia sanctaefilomenae 62
Roter Neonsalmler
Paracheirodon (früher Cheirodon) axelrodi 65
Roter Phantomsalmler
Megalamphodus sweglesi 61
Roter Platy, Korallenplaty
Xiphophorus maculatus 164
Roter Schwertträger
Xiphophorus helleri 162
Roter von Rio
Hyphessobrycon flammeus 58
Roter Zebramaulbrüter
Pseudotropheus „zebra" 000
Roter Ziersalmler
Nannostomus beckfordi 74
Rotflossenprachtschmerle
Botia lecontei 117
Rotflossensalmler
Aphyocharax anisitsi 47
Rotkopfsalmler
Hemigrammus bleheri (früher rhodostomus) 50
Rotschwanz-Ährenfisch
Bedotia geayi 187
Rotstreifenbärbling
Rasbora pauciperforata 141
Rubinbarbe
Barbus ticto (Mutation) 128
Rückenschwimmender Kongowels
Synodontis nigriventris 183

S
Seite

Schillerbärbling
Brachydanio albolineatus 130
Schlußlichtsalmler, Laternensalmler
Hemigrammus ocellifer 53
Schmalbarsch
Pseudotropheus elongatus 103
Schmetterlingsbuntbarsch
Papiliochromis ramirezi 95
Schmetterlingsfisch
Pantodon buchholzi 196
Schmucksalmler
Hyphessobrycon bentosi bentosi 55
Schönflossen-Rüsselbarbe
Epalzeorhynchus kallopterus 138
Schokoladengurami
Sphaerichthys osphromenoides 38
Schrägschwimmer
Thayeria boehlkei 69
Schrägsteher, Bleistiftfisch
Nannobrycon eques 73
Schwarzbinden-Panzerwels
Corydoras melanistius 174
Schwarzer Leierschwanz-Molly
Poecilia sphenops Zuchtform 160
Schwarzer Neon
Hyphessobrycon herbertaxelrodi 59
Schwarzer Papageienplaty
Xiphophorus variatus 165
Schwarzer Skalar und andere Zuchtformen
Pterophyllum scalare Zuchtformen 108
Segelflosser, Skalar
Pterophyllum scalare 107
Segelkärpfling
Poecilia velifera 000
Siamesischer Algenfresser
Crossocheilus
(früher Epalzeorhynchus) siamensis . . . 135
Sichelfleck-Panzerwels
Corydoras hastatus 173
Silberbeilbauchfisch
Gasteropelecus sternicla 71
Silberflossenblatt
Monodactylus argenteus 194
Simpson – Schwertträger
Xiphophorus helleri 163
Smaragdprachtbarsch
Pelvicachromis taeniatus 97
Sonnenstrahlenfisch
Telmaterina ladigesi 188
Spritzsalmler
Copella arnoldi 72
Sternflecksalmler
Pristella maxillaris 68
Streifenhechtling
Aplocheilus lineatus 150
Stromlinien-Panzerwels
Corydoras arcuatus 172
Sumatrabarbe
Barbus tetrazona 127

T

Tapirfisch, Elefantenrüssler
Gnathonemus petersii 195
Tigerschmerle
Botia helodes 116
Thomas-Prachtbarsch
Anomalochromis thomasi 82
Trauermantelsalmler
Gymnocorymbus ternetzi 48

Seite

Tüpfelbärbling
Brachydanio nigrofasciatus 132
Tüpfelbuntbarsch
Aequidens curviceps 79
Türkisgoldbarsch
Melanochromis auratus 102

W

Wanderbuntbarsch
Lamprologus compressiceps 100
Wangenstrich-Schneckenbuntbarsch
Lamprologus brevis 90
Weißpunkt – Brabantbuntbarsch
Tropheus duboisi 113
Westamerikanischer Kreuzwels, „Minihai"
Arius seemanni 169

Z

Zebrabärbling
Brachydanio rerio 133
Zitronensalmler
Hyphessobrycon pulchripinnis 60
Zwergbärbling
Rasbora maculata 140
Zwergfadenfisch
Colisa lalia 36
Zwergkärpfling
Heterandria formosa 167
Zwergpanzerwels
Corydoras pygmaeus 176
Zwergschmerle
Botia sidthimunki 120
Zwergziersalmler
Nannostomus marginatus 75

Fotonachweis

Dr. C. Andrews   15; 16; 17; 18; 22
H. A. Baensch   77
O. Böhm   170
Dr. W. Foersch   198
H. Linke   84; 92; 97; 99
M. Meyer   86
H. J. Mayland   112 o. r.
Arend van den Nieuwenhuizen   113; 152
D. Sands   182
L. Seegers   148
Dr. W. Staeck   84
alle anderen Fotos B. Kahl

Literatur-Verzeichnis

Brünner/Beck: **Neue Wasserpflanzenpraxis,** Tetra Verlag, Melle
Degen, Bernd: **Der Diskus im Gesellschaftsaquarium,** Tetra Verlag, Melle
Frickhinger, K. A.: **Gesund wie der Fisch im Wasser?,** Tetra Verlag, Melle
Huckstedt, Guido: **Aquarienchemie,** Kosmos Verlag, Stuttgart
James, Barry: **Aquarienpflanzen,** Tetra Verlag, Melle
Kahl, Burkhard: **Salmler im Aquarium,** Reihe „Das Vivarium", Kosmos Verlag, Stuttgart
Ladiges, Prof. Dr. W.: **Kaltwasserfische,** Tetra Verlag, Melle
Linke, Horst: **Labyrinthfische — Farbe im Aquarium,** Tetra Verlag, Melle
Linke/Staeck: **Afrikanische Cichliden I und II,** Tetra Verlag, Melle
Linke/Staeck: **Amerikanische Cichliden I und II,** Tetra Verlag, Melle
Melzer, Jürgen: **Wunderwelt Aquarium,** Tetra Verlag, Melle
Paysan, Klaus: **Beispielhafte Aquarien,** Tetra Verlag, Melle
Paysan, Klaus: **Welcher Zierfisch ist das?,** Kosmos Verlag, Stuttgart
Pinter, Helmut: **Handbuch der Aquarienfisch-Zucht,** Edition Kernen
Riehl/Baensch: **Aquarien Atlas I und II,** Mergus Verlag, Melle
Scott, P.: **Südamerikanische Welse,** Tetra Verlag, Melle

Zeitschriften:
Die Aquarien- und Terrarien-Zeitschrift (DATZ)
Das Aquarium, Birgit Schnettkamp Verlag, Bornheim
Aquarium heute, aquadocumenta Verlag, Bielefeld
TI-Magazin für Aquarium, Terrarium, Garten & Teich, Tetra Verlag, Melle

Über den Autor

Dr. Ulrich Baensch, von Jugend an verbunden mit dem Aquarium, seinen Fischen und Pflanzen, gilt als Wegbereiter der modernen Aquaristik.

Ohne die von ihm entwickelten Präparate für die problemlose Ernährung und Pflege der Zierfische hätte es den enormen Aufschwung in der weltweiten Aquaristik nicht geben können.

Als studierter Landwirt und Biologe war er einige Jahre wissenschaftlich auf dem Gebiet der Vererbungslehre und Mutationsforschung tätig.

1950 gründete Dr. Baensch die heutigen TetraWerke. In der Versuchsstation, die er bis 1976 leitete, werden in einer Vielzahl von Aquarien Zierfische und ihre Bedürfnisse studiert.

Dr. Ulrich Baensch ist der Herausgeber des „TI-Magazins für Aquarium, Terrarium, Garten & Teich", das seit 1968 regelmäßig erscheint.

Aufgrund seiner Verbundenheit und Erfahrung mit den Fischen versteht es der Autor, den Aquarianer in leicht begreiflicher Form und interessanter Darstellung zu beraten und zum Erfolg zu führen.

Aquarienfische haben keine andere Wahl.

Denn sie sind im Aquarium auf das ihnen ge-
botene Futter angewiesen.

In der freien Natur suchen sich alle Fische
ihr artentypisches Futter selbst zusammen.
Die Grenzen eines Aquariums muß der
Aquarianer mit einem vollwertigen Futter-
angebot ausgleichen.

TetraMin bietet die abwechslungsreiche
Zierfisch-Ernährung und erfüllt ideal die
natürlichen Bedürfnisse tropischer Zierfische.

In TetraMin sind
die lebensnotwen-
digen Eiweiß-
stoffe, Kohlen-
hydrate, Fette,
Rohfaser- und
Mineralstoffe
sowie wichtige
Vitamine und
Spurenelemente
in ausgewogenem
Verhältnis
enthalten.

Normalflocke 1:1   Großflocke 1:1